당신의 감정에는
당신만의 사연이 있다

미처 몰랐던 나를 알아가는 감정 로드맵

당신의 감정에는
당신만의 사연이 있다

박용철 지음

과거를 치유하고 앞으로 나아가는 감정 연습

'지금 상황이 어렵고 힘들어서 이런 기분이 드는 거겠지?'

누구나 자신의 감정이 과도하거나 이해하기 어려워 이같이 생각할 때가 있을 것입니다. 가끔은 별일이 없는데도 불안하거나, 무슨 일이 생길 것 같은 불길한 기분과 함께 쫓기는 것 같은 초조함이 들기도 합니다.

상대방에게 한 별것 아닌 실수에도 큰 죄책감이 들고 점점 괴로워져 밤늦게 사과 문자를 보내기도 합니다. 그러고는 다음 날 '왜 내가 오버했지?' 하고 후회합니다. 다시는 이러지 말아야겠다고 다짐하지만, 비슷한 상황이 되면 같은 행동을 반복한 뒤 밀려오는 자괴감과 자책감에 빠지기도 합니다.

이런 상황은 대부분 자신도 모르는 순간에 나타납니다. 그런 생각과 감정은 시간이 지나고 나서 보면 스스로도 참 이해하기 어려울 때가 많습니다. 내 마음은 나의 것이라고 생각하지만, 이럴 때 보면 꼭 그렇지만도 않은 것 같습니다. 갑작스럽게 일어난 충동적인 생각과 감정으로 나와 타인에게 상처를 준 날에는 나의 일부인 내 마음이 참으로 다루기 어렵고 범접할 수 없는 미지의 영역처럼 느껴집니다.

그렇게 보면 우리가 내리는 판단이나 느끼는 감정은 단지 인식하는 요소들로만 이루어지는 것이 아닌 게 확실합니다. 나의 사고방식과 감정에는 내가 모르는 요소들이 영향을 크게 주고 있는 것이 분명해 보입니다. 그런 무의식적인 요소들을 이해하지 못하면 나는 그저 무기력하게 감정에 휘둘릴 뿐입니다. 그렇다면 어떤 것들이 나의 감정을 좌우하는 것일까요?

도대체 내 마음은 왜 이럴까?

이쯤에서 저를 정신과 의사가 되도록 이끈 소중한 책 한 권에 대해 이야기해 보겠습니다. 중학교 2학년 중간고사 기간의 일이었습니다. 시험공부를 하기 싫은 마음에 친구 녀석 한 명과 도서관에 갔습니다.

무엇을 볼까 둘러보다가 우연이었는지 필연이었는지 책 한 권을 뽑아 들게 되었습니다. 아쉽게도 지금은 그 책의 제목이 기억나질 않지만, 정신분석 분야의 전공서에 가까웠던 듯합니다. 교양서적 읽는 것을 싫어했고 정신분석이나 심리학이 뭔지도 몰랐지만, 별 생각 없이 그 책을 읽기 시작했습니다. 잠시 뒤 머리를 맞은 것 같은 충격을 받았습니다.

'아, 이런 것도 있구나! 이런 식으로도 생각을 하는구나!'

지금도 어렴풋이 기억나는 책의 내용은 이렇습니다. 어떤 남자가 정신과 의사를 찾아왔습니다. 그는 두 명의 여자를 사귀고 있었습니다. 소위 양다리를 걸치고 있었던 것이지요. 두 명의 여자 중 한 명은 똑똑하고 재력이 있었으나 미모가 별로였습니다. 다른 한 명은 예쁘고 야성적인 매력이 있으나 똑똑하지 못하다고 했습니다.

그는 곧 결혼을 해야 하는데 둘 중에 누구와 하는 것이 좋을지 조언을 얻기 위해 정신과 의사를 찾아온 것이었습니다. 어느 한 명을 선택해서 다른 한 명과 헤어지려고 하면 마음이 왠지 모르게 불안해지고, 헤어지려는 상대가 너무 아까워 보여 선택을 할 수 없었다고 합니다.

의사는 누가 더 좋은 배우자 감인지에는 관심이 없었습니다. 왜 이 사람은 두 여자 사이에서 갈등하고, 결론을 내지 못하고 있는가가 중요했습니다. 의사는 환자에게 마음속을 살펴

당신의 감정에는 당신만의 사연이 있다

보는 시간을 갖자고 했습니다. 그렇게 몇 번의 상담 시간이 흘렀습니다.

그러다가 엉뚱한 일이 발생했습니다. 그가 또 다른 정신과 의사에게도 동시에 치료를 받고 있다는 것이 탄로 난 것입니다. 물론 두 명의 정신과 의사는 그 사실을 몰랐었지요. 환자는 한 명의 의사에게만 치료받는 것이 왠지 불안했고, 두 명의 의사에게 치료를 받으니 비로소 안심이 되었다고 했습니다.

의사는 그에게서 반복되는 행동 패턴을 발견했습니다. 자기 주위에 두 사람과의 관계를 만들어 놓아야 안심하는 마음이 보였습니다. 의사는 이런 패턴이 반복되는 이유를 알아내기 위해 여러 차례 상담하며 어릴 적 이야기를 들었습니다.

어느 날 남자는 생각나는 기억이 있다고 했습니다. 그가 다섯 살 때 부모는 이혼을 했습니다. 당시 부모는 그에게 둘 중 누구와 살고 싶은지를 물었습니다. 상황을 잘 이해하진 못했지만, 그는 둘 중 누구도 포기할 수 없었습니다. 어린 그에게는 너무나 잔혹한 선택이었습니다.

그의 결정이었는지는 모르지만, 그는 아버지와 살게 되었습니다. 아버지와 사는 것도 나쁘지는 않았지만 어머니가 그리웠고, 또 자신이 아버지를 선택해서 어머니가 떠나간 것이라는 죄책감도 있었습니다.

그 후로 그는 자신도 모르게 자기 옆에 두 명의 누군가가 있

을 때 안심을 했습니다. 두 여자에게 양다리를 걸쳐야 안심이
되고, 의사도 두 명이 있어야 안심이 됐던 것입니다. 두 명이
있다는 것은 어릴 적 부모와 함께 있는 것을 상징했고, 한 명
을 포기하는 것은 부모 중 한 명을 포기하는 것과 같았습니다.
괴로웠던 기억이지만 그는 어른이 되어서도 자신도 모르게 당
시의 상황을 반복하고 있었던 것입니다.

  그는 치료를 통해 자신의 마음속 문제를 바라볼 수 있게 되
었습니다. 치료를 시작하기 전까지 어릴 적 기억을 까마득히
잊고 있었고, 그것이 현재에도 영향을 주고 있다는 사실은 상
상조차 못했습니다. 하지만 정신분석이라는 과정을 통해 자
신도 모르게 자신의 행동을 조종하는 무의식이란 것이 있음을
알았습니다.

  책을 읽으며 가슴이 두근거렸습니다. 내가 생각하지 못하는
그 무엇인가가 내 마음을 조종하고 있다니! 나도 모르게 내 마
음을 움직이고 내 행동까지 조종하는 것들이 있다는 데에 관
심이 온통 쏠렸습니다. 아마도 그때 처음으로 정신과 의사가
되고 싶다는 생각을 한 것 같습니다.

  수년이 흘러 의과대학에 진학하고 공부를 할수록 과거의 경
험이 발단이 된 무의식적인 요소들에 대한 이해와, 자신도 모
르게 반복되는 마음속 패턴들에 대한 탐구 없이는 감정을 조
절하고 마음을 다스리기란 불가능에 가깝다는 것을 알게 되었

습니다. 이 책은 이러한 이야기를 하기 위해 탄생했습니다.

과거의 나 들여다보기

나도 모르게 내 마음을 조종하는 첫 번째 요소는 각자의 과거 경험에서 찾을 수 있습니다. 과거의 경험과 비슷한 상황이 되면 그때의 감정이 다시 살아나는 것입니다. 이 책이《당신의 감정에는 당신만의 사연이 있다》라는 제목을 가지게 된 이유입니다.

가령 어린 시절 사나운 개에게 물린 경험이 있는 사람이라면, 오랜 시간이 흘러 성인이 된 후에도 작은 강아지만 봐도 강렬한 공포심과 불안감이 들 수 있습니다. 그러면서 '나는 원래 개 공포증이 있나 봐' 하며 영문도 모른 채 평생 동안 개를 피해 다니며 살지도 모릅니다. 자신도 모르는 사이에 마음속 경험의 흔적이 영향을 준 것입니다. 즉, 각자의 독특한 과거 경험들이 현재의 감정에 영향을 미칩니다.

과거 경험은 개개인마다 천차만별입니다. 따라서 누군가의 마음을 이해하기 위해서는 '그 사람이 지나 온 독특한 경험'을 모두 이해해야 합니다. 참으로 어려운 일입니다. 정신분석이라는 도구가 그 과정에 도움이 될 수는 있지만, 적지 않은 비용과 시간을 투자해야 하기 때문에 누구나 받을 수 있는 것은 아닙니다.

그렇다고 내 마음을 이해하려는 노력을 포기하긴 이릅니다. 외래 진료를 하면서 비합리적인 생각과 조절되지 않는 감정으로 고생하는 사람들을 보다 보면 비슷한 면이 많다는 것을 알게 됩니다. 인간이라면 공통적으로 거치는 어린 시절의 과정들이 있습니다. 성인이 된 지금 보면 이해할 수 없는 사고방식이나 강렬한 감정이 그 시기에는 당연한 것으로 인식됩니다.

예컨대, 유아는 눈앞에 있던 사물이 어느 순간 보이지 않으면 실제로 세상에서 사라져 버렸다고 생각합니다. 그 사물이 다시 눈에 띄면 세상에 다시 나타난 것으로 믿습니다. 눈에 보이지 않아도 물체는 존재하고 있다는 '대상 항상성' 개념이 없기 때문입니다.

이렇듯 어른의 눈으로 보면 이해하기 어려운 유아 시기의 사고방식은 성장하는 동안 여러 단계를 거쳐 현실적이고 합리적인 사고방식으로 바뀌어 갑니다. 한 발달 과정이 끝나고 다음 단계의 발달 과정에 진입하면 이전 단계에서 마음을 지배했던 원시적 사고방식은 필요가 없게 되고 보다 합리적인 사고방식에 그 왕좌를 내주고 쫓겨나게 되는 것입니다.

하지만 완전히 사라지는 것은 아닙니다. 무의식이라는 어둠의 세계로 쫓겨나서 다시는 영향력을 행사하지 못하도록 억압

당신의 감정에는 당신만의 사연이 있다

되어 있을 뿐입니다. 이렇게 억압된 과거의 사고방식은 때때로 다시 나타날 수 있습니다. 평소에는 합리적인 생각을 하다가도 스트레스를 받거나 위급한 상황이 되면 나도 모르게 미신 같은 징크스를 믿거나 이해할 수 없는 행동을 하게 됩니다. 무의식에 잠겨 있던 원시적 사고방식이 억압을 뚫고 다시 나타나는 것입니다.

누구나 심한 스트레스를 받거나 과거 어린 시절의 경험과 유사한 상황에 놓이면 이런 일들을 겪을 수 있습니다. 그럴 때 우리는 이해할 수 없는 생각들과 알 수 없는 감정 때문에 괴로워하게 됩니다. 다행히도, 스트레스 상황이 지나가면 과거의 세력들은 진압됩니다. 어린 시절의 원시적 사고방식과 감정은 억압되고, 합리적이고 현실적인 성인의 사고방식으로 돌아오게 됩니다.

하지만 경우에 따라서는 과거의 원시적인 생각과 감정이 지속될 수도 있습니다. 어린 시절 스트레스가 심했거나 해소되지 못한 괴로운 경험이 있는 경우, 몸은 컸지만 사고방식이나 감정이 바뀌지 못하고 계속해서 유아적 단계에 머물러 있을 수 있습니다. 성인이 되었어도 마음속엔 여전히 어린아이가 있는 것입니다.

Part 1에서는 이처럼 현재 내 마음의 씨앗이 된 과거의 영향들을 살펴봅니다. 이것은 내 마음을 이해하는 데 중요한 단서가 됩니다. 우리가 어렸을 때 어떤 사고방식과 감정 형태들을 경험하며 성장해 왔는지 알아볼 것입니다. 인간이 거쳐야 하는 발달 단계와 그 시기에 필수적으로 가지게 되는 사고방식과 감정을 살펴봄으로써 그동안 이해할 수 없었던 내 마음에 한발 더 다가가게 될 것입니다.

개인마다 독특하고 제각각인 과거 경험을 일일이 다룰 수는 없겠지만, 인간이 공통적으로 경험하는 유아기의 사고방식과 감정, 대인 관계 패턴을 살펴볼 수는 있습니다. 그러고 나서 자신의 경험과 감정을 유심히 들여다보면 자신의 마음을 이해하는 통찰을 얻을 수 있을 것입니다.

현재의 나 들여다보기

나도 모르게 내 마음을 조종하는 다음 요소는 과거를 비추고 있는 현재 내 마음속에서 찾을 수 있습니다. Part 2에서는 현재 내 마음에 반복해서 나타나는 감정 패턴들을 살펴봅니다.

과거에 형성된 대인 관계 패턴이나 감정 패턴이 반복되어 나타나고, 마치 관성처럼 벗어나지 못하고 그 패턴의 지배를 받는 경우가 있습니다.

당신의 감정에는 당신만의 사연이 있다

제 환자 중에 과거에 소위 '나쁜 남자'를 만나 상처받고 자살까지 시도했으면서 그 이후에도 항상 나쁜 남자와 사랑에 빠진 여자 분이 있습니다. 그것이 자신을 괴롭히고 상처 줄 걸 알면서도 감정은 주인의 말을 듣지 않습니다. 그저 정해진 패턴을 따라 움직일 뿐입니다.

이렇듯 현재 내 마음속을 잘 들여다보면 과거부터 반복되어 나타나고 있는 어떤 패턴을 찾을 수 있습니다. 정신의학에서는 그것을 흔히 '인생의 덫'이라고 부릅니다. 4장에서 이 인생의 덫에 대해 알아볼 것입니다.

'사랑을 고백하려면 무서운 놀이기구를 탄 후에 하라'라는 이야기가 있습니다. 실험을 통해 효과가 증명된 이야기인데, 놀이기구를 타고 난 뒤 맥박이 뛰고 가슴이 두근거릴 때 고백하면 성공할 가능성이 월등히 높다는 것입니다. 가슴이 뛰는 이유를 옆에 있는 사람에게서 찾기 때문이지요. 그 사람 때문에 마음이 설레고 두근거린다고 착각하는 것입니다. 심장이 빨리 뛰는 신체 증상이 그에 어울리는 사랑이라는 감정을 만들어 낸 것입니다.

우리는 무의식적으로 신체 상태와 감정을 그럴듯하게 통일하려는 경향이 있습니다. 현재 내 몸 상태에 맞게 내 마음도 변화되는 것입니다. '행복해서 웃는 것이 아니라 웃어서 행복한 것이다'라는 이야기도 여러 실험을 통해 증명되었습니다.

웃으면 행복이 따라오고, 싫은 사람이라도 상냥하게 대하고 친절을 베풀면 그 사람을 향한 호감이 증가합니다. 감정에 따라 행동할 수도 있지만, 행동을 먼저 하면 거기에 맞는 감정과 생각이 따라 오기도 하는 것입니다.

그렇게 보면 감정, 생각, 행동, 신체 상태는 서로 톱니바퀴처럼 연결되어 있다는 것을 알 수 있습니다. 이 네 가지 요소는 서로에게 영향을 주고 서로를 그럴듯하게 변화시켜 통일성을 유지하려고 합니다. 이것이 나도 모르게 내 마음에서 작동하고 있는 또 하나의 중요한 패턴입니다.

서로 얽히고설켜 만들어진 패턴에 따라 감정과 생각이 왜곡되기도 합니다. 이런 패턴은 과거가 아닌 현재에 생성된 것들입니다. 즉, 마음을 이해하기 위해서는 과거 경험을 알고, 나아가 현재의 감정, 생각, 행동, 신체 상태도 이해할 필요가 있습니다. 5장에서 이 네 가지 요소들이 만드는 방정식을 알아보려 합니다.

모든 감정에 담긴 사연들을 찾아서

진료실에 찾아오는 환자분들은 가끔 이런 이야기를 합니다.
"감정을 조절하고 마음을 다스리기 위해 관련 책들을 많이

당신의 감정에는 당신만의 사연이 있다

읽어 보았는데, 별 도움이 안 됩니다."

"좋은 이야기지만, 읽고 나면 새로운 것 없이 빤한 이야기를 잘 정리해 놓은 것 같아요."

시중에 나가 여러 책을 살펴보았습니다. 감정 조절과 마음 다스리기에 관한 수많은 책들이 있더군요. 참으로 기발하고 도움이 될 만한 것도 많았습니다. 하지만 제가 중학교 때 읽은 책에서 느꼈던 깊은 울림을 주는 책은 찾기가 어려웠습니다.

아마도 기존 책들 중 무의식에 대한 탐구가 부족하고 나도 모르게 나를 조종하고 있는 마음속 패턴에 대한 이해가 충분하지 않은 책들이 많았기 때문일 겁니다. 반면, 나름대로 깊이가 있는 책들은 일반인이 읽기에 어려울 뿐만 아니라 일상생활에서 실천하기에 적절하지 않았습니다.

마음을 이해하고 감정을 조절하는 데 도움을 주는 책을 쓰고 싶었습니다. 깊이가 있으면서도 읽기 쉬운 책을 쓰고 싶었습니다. 이 두 마리 토끼를 잡는 것은 쉽지 않은 목표임을 알고 있습니다. 그렇지만 그런 책이 필요하다고 생각했고, 도전해 보기로 했습니다. 그것을 위해서 이 책에 필요하다고 생각한 요소들이 있습니다.

첫 번째는 보다 깊은 내용을 담고 있어야 합니다. 곧 무의식적인 것들에 대한 탐구입니다. 과거의 경험들이 내 마음에 남긴 흔적에서부터 지금 현재 상황들이 나에게 주는 영향들에 이르기까지 나도 모르게 내 마음을 움직이는 것들에 대해 다루고 싶었습니다.

두 번째는 쉽게 이해되어야 합니다. 편하고 쉽게 읽히는 책이 되기 위해서는 실제 사례들이 필요합니다. 몇 장에 걸쳐 길게 풀어 쓴 설명보다 하나의 사례가 직관적으로 이해됩니다. 그것을 통해 내 마음과 비교해 보고 내 마음속을 바라볼 수 있게 해 줍니다. 가능한 한 진료실에서 만난 환자들의 생생한 느낌을 전달하고 싶었습니다.

마지막으로는 마음을 이해하고 다스리는 데 독자 스스로 해 볼 수 있는 구체적인 방법들을 제시해야 합니다. 실제로 도움이 되는 책이 됐으면 합니다. 각 장을 읽고 감정과 마음에 대해 이해한 뒤, 그 이해를 바탕으로 스스로 해 볼 수 있는 구체적이고 쉬운 감정 연습법을 제시하고자 했습니다.

이 세 가지 요소들을 잘 녹여 낸 책을 쓰고 싶었습니다. 그것이 이미 수많은 책들이 있음에도 이 책을 또다시 추가하는 이유입니다. 그리하여 서점의 수많은 책들 중에 우연히 이 책을 뽑아 들었을 당신에게 도움을 줄 수 있기를 바랍니다. 제가 중학교 때 수많은 책들 사이에서 우연히 뽑아 들었던 그 책이 제게 그랬던 것처럼 말입니다.

과거부터 현재까지 내 마음을 느긋하게 여행한다는 기분으

당신의 감정에는 당신만의 사연이 있다

로 책을 읽어 보면 좋겠습니다. 그 과정에서 과거로부터 시작된 무의식적 요소들부터 현재 발생하고 있는 무의식적 요소들까지 이해할 수 있을 것입니다. 그리고 마음을 조절하고 다스리는 방법을 알 수 있을 것입니다.

하지만 그걸로 끝난 것은 아닙니다. 실제 생활에 적용해야 합니다. 실제 내 삶에서 변화가 일어나야 합니다. 이를 위해 일상생활에서 내 마음을 이해하고 감정을 조절하기 위해 할 수 있는 다양한 실천 방법들을 소개했습니다. 물론 복잡한 마음과 감정을 몇 가지 방법으로 조절할 수는 없겠지만, 책의 내용을 충분히 이해하고 실제 생활에 적용하는 연습을 꾸준히 하면 조금이나마 변화되는 자신을 느낄 수 있을 것입니다.

내 마음대로 되지 않는 내 마음 때문에 힘들었던 많은 분이 이 책을 통해 내 감정의 사연을 이해하고 현재를 깨달아 감정을 조절하는 데 도움을 받기를 바랍니다.

박용철

Part 1 | 내 안의 어린아이와 마주하기

Chapter 1

"내 마음에 어떤 사연이 있을까?"

우리가 쉽게 상처받는 이유

Chapter 2

"왜 내 편이 되어 주지 않을까?"

나 그리고 타인과 관계 맺기

Chapter 3

"왜 내 마음이 내 것 같지 않을까?"

합리적이고 현실적인 사고방식 쌓기

Part 2 | 반복되는 마음의 덫 벗어나기

Chapter 4

"어떻게 부정적인 감정을 벗어날까?"
마음의 나쁜 패턴 바로잡기

Chapter 5

"어떻게 긍정의 순환으로 갈아탈까?"
나부터 나에게 상처 주지 않기

내 안의
어린아이와
마주하기

"내 마음에
어떤 사연이 있을까?"

우리가 쉽게 상처받는 이유

우리는 마법의 힘을 꿈꿉니다. 스트레스가 많을수록, 일이 내 뜻대로 되지 않고 무기력
함을 느끼는 상황일수록 우리는 어디론가 떠나고 싶어 합니다. 모든 것이 내 마음대로
되던 마법 같은 세상에 대한 향수를 느끼게 됩니다.

향수라니요? 우리에게 그런 시기가 있었단 말인가요? 맞습니다. 우리는 누구나 그런 시
절이 있었습니다. 실제로는 아니지만 세상이 내 마음대로 된다고 믿던 시절이 있었습니
다. 바로 세상에 막 태어났던 신생아 시절입니다.

이 신생아 시절의 기억과 감정들은 우리 마음에 어떤 흔적을 남겼을까요? 또 그것들은
현재에 어떤 모습으로 재등장하려고 할까요?

왜 말하지 않아도
알아주길
바랄까?

· 마법적 관계에 대한 그리움 ·

20대 중반의 여성 재연 씨가 병원에 찾아왔습니다. 신혼인 재연 씨는 친구 관계, 회사 생활, 그 밖의 사회적 능력에는 문제가 없었습니다. 그런데도 절 찾아온 이유는 남편과의 갈등이었습니다.

"도대체가 저한테 관심이 없어요. 내가 좋아하는 걸 어쩌면 그렇게 모르나요? 생일 선물이라고 사 왔는데 제가 싫어하는 색깔의 옷을 사 온 거예요. 정말이지 속상해요. 아마도 저에게 관심이 없는 것 같아요."

"회사 생활을 하다 보면 힘든 날도 많고, 더 이상 말을 하기 귀찮은 날도 있잖아요. 그런데 이상하게 그런 날에는 무언가

하자고 하고, 무슨 일 있냐고 말을 시키면서 저를 너무 귀찮게 해요. 물론 남편도 걱정돼서 그러는 거겠지만, 그걸 꼭 말로 해야 아나요? 사랑하면 그냥 느낌으로 알 수 있는 거잖아요."

'꼭 내 마음을 일일이 표현해 줘야 하느냐'라는 것이 부부 갈등의 주요 원인이었습니다. 물론 본인이 원하는 것과 자신의 마음 상태를 말로 표현할 때도 있지만 그럴 때마다 왠지 기분이 나쁘기도 하고, '왜 내가 이렇게까지 해야 하나' 하는 생각과 함께 제대로 대접받지 못한다는 느낌까지 들었습니다. 사랑하는 사이라면 마음을 일일이 설명할 필요가 없다고 여겼습니다. 이런 이유들로 남편을 향한 불만이 쌓이고 더더욱 말을 안 하게 되는 악순환이 반복되었습니다. 이제는 지칠 대로 지쳐 이혼까지 생각하게 된다며 도움을 원했습니다.

남편을 만나 보았으나, 그는 오히려 이야기를 듣고 놀라는 눈치였습니다. 그냥 스트레스가 있어서 그렇겠거니 생각하고 있었고, 무언가 불만이 있는 것 같기는 한데 말을 걸면 화를 내니 일부러 말을 걸지 않았다고 합니다. 그는 혼자만의 시간을 갖게 해 주는 것이 좋겠다고 생각해서 간섭하지 않으려고 노력하며 지내는 중이었습니다.

우리가 마법사였던 시절

재연 씨를 이해하기 위해서는 신생아 시기에 우리 마음에 어떤 일들이 일어나는지 알아보아야 합니다.

일반적으로 아이는 태어나서부터 많은 신하를 거느리게 됩니다. 가족이라는 이름의 어른들입니다. 24시간 내내 아이에게 무언가 불편함이 없을까 고민하는 어머니와, 불편한 것이 생기면 즉시 해결해 주는 어른들이 항상 곁에 있습니다.

그렇게 불침번을 서는 신하들은 그들의 작은 왕이 배고픈 것 같다고 느끼면 즉시 우유를 대령하고, 기저귀가 젖은 것 같으면 즉시 기분 좋은 뽀송한 기저귀로 바꿔 줍니다. 잠자는 시간이 되면 온도, 습도가 맞춰진 편안한 잠자리와 자장가도 제공하지요.

아이는 태어나서 얼마 동안은 내부 세계와 외부 세계를 구분하지 못합니다. 나와 타인의 존재도 구분하지 못하고, 엄마도 이 세상도 모두 자신의 일부처럼 느낍니다. 배고픔이나 젖어 버린 기저귀의 기분 나쁜 느낌, 허리에 장난감이 끼어 아픈 느낌 등을 아이는 세세하게 구분하지 못합니다. 무언가 불쾌한 기분이 들고, 정확히 알 수 없는 신체적 긴장감을 느낄 뿐입니다.

하지만 이내 그런 긴장감은 해소되고 다시금 편안함을 느끼게 됩니다. 마법이 일어난 것입니다. 마음속의 불쾌감과 긴장감이 일정 수준에 도달하면 모든 일이 자연스럽게 해결되는 것입니다. 객관적으로 보면 아이가 울음을 터트렸고 엄마가 와서 도와준 것이겠지만, 아이는 그렇게 생각하지 않습니다.

'나에게는 전지전능한 마법이 있다. 내가 불편할 때면 모든 것이 알아서 자연스럽게 해결된다!'

물론 마법이 통하지 않을 때도 있습니다. 주위에 도움을 줄 어른이 없어 즉각 이 마법사의 명령을 받들지 못할 때입니다. 하지만 이 당당한 꼬마 왕은 좌절하지 않습니다. 더 힘껏 내부의 불쾌함과 긴장감을 고조시킵니다. 더 큰 소리로 울어 젖히는 것이지요. 그러면 부모가 달려올 테고 대부분의 불편함은 다시금 해소가 됩니다. 여전히 아이는 강력한 힘을 가진 왕입니다.

생각해 보세요. 우리에게도 이런 마법이 있다면 얼마나 좋을까요? 가만히 있어도 내가 원하는 것들을 누군가가 알아봐 주고 제공해 준다면 말입니다.

신생아 시기에는 욕구라고 해 봐야 배고픔의 욕구, 배설의 욕구, 수면 욕구 등 단순하고 맞춰 주기 쉬운 것들입니다. 유아기에 들어서면 그 외의도 많은 욕구가 생겨나고, 언어를 배우고 생각하는 힘이 생기면서 마음 안에는 복잡한 사고 과정들이 펼쳐집니다. 그러면서 부모는 아이의 욕구를 일일이 맞출 수 없게 되고, 아이는 '마음먹은 대로만 이루어지진 않는구

당신의 감정에는 당신만의 사연이 있다

나' 하는 좌절을 통해 욕구를 말로 표현하는 법을 배워 갈 것입니다.

하지만 자신의 생각을 엄마가 바로 알아줄 수 있다는 희망이 완전히 꺾이지 않는 경우도 있습니다. 아이가 조금의 욕구 좌절도 경험하지 않도록 엄마가 일일이 신경을 쓸 때 그럴 가능성이 있습니다. 초등학교에 가서도 엄마가 알아서 숙제부터 준비물까지 척척 준비해 놓습니다. 항상 아이의 표정과 동작을 살피고 있다가 무엇이 필요한지 알아서 준비해 줍니다. 아 이러니한 것은 그런 와중에도 그 아이만의 독특하고 주관적인 욕구와 생각은 은근슬쩍 무시된다는 점입니다.

이런 상황에서 아이는 자신의 욕구가 무엇인지 잘 모를 수 있습니다. 이것이 나의 욕구인지 엄마의 욕구인지 구분이 모호해집니다. 엄마가 본인의 마음과 욕구를 다 알아주고 있다고 착각할 수 있습니다. 신생아 시절의 마법은 모습을 바꾼 채 유지됩니다. 하지만 결국에는 이런 원시적인 사고는 그 힘을 잃을 것입니다. 완전히 없어지진 않을지도 모르지만, 대부분의 영향력은 없어질 것입니다. 그들은 무의식이라는 어둠 속으로 억압될 것입니다.

하지만 우리가 어른들의 세상에서 고단함을 느끼고 자신의 무력함에 슬퍼지고 자존감에 상처를 입었을 땐, 자신도 모르게 엄마가 내 마음을 바로 알아주던 과거의 향수를 느낄 수 있

습니다. 이럴 때면 다시 그 시절의 원시적인 사고방식이 나타
날 수 있습니다.

이심전심에 대한 환상

다시 재연 씨의 문제로 돌아와 볼까요. 재연 씨는 결혼이 가
져온 여러 가지 생활의 변화로 인해 불안해하며 스트레스를
받고 있었습니다. 본인은 대수롭지 않아 말하지 않았다고 했
지만 시어머니와의 갈등도 꽤나 깊어진 상태였습니다. 시어머
니는 며느리의 말을 들어 주고 같이 의논하기보다는 본인 고
집대로 하고 독단적으로 결정을 내리며 따라 주기를 바라는
식이었습니다.

알고 보니 친정어머니도 마찬가지였습니다. 어릴 적부터 재
연 씨의 이야기를 경청하거나 마음을 읽어 주는 것이 부족했
습니다. 친구들과 싸우고 억울함에 치를 떨며 집에 왔을 때도
그저 "원래 그땐 그런 거니까 신경 쓰지 마"라고 말했을 뿐입
니다. 대화가 본인이 원하는 것을 상대에게 알려 주고 또 상대
의 마음을 이해하는 가장 좋은 방법이라는 것을 충분히 경험
하지 못한 것입니다.

유아 시기부터 재연 씨의 마음 한편에는 욕구가 저절로 채워

지던 시절에 대한 향수가 시작됐습니다. 정서적으로 다소 차가운 어머니였지만, 적어도 신생아 시기에는 딸에게 전적인 관심을 가져 주고 원하는 것을 알아서 해결해 주었을 것입니다. 재연 씨의 무의식은 신생아 시절의 인간관계가 재현되기를 바라고 있었습니다.

남편과 연애를 하면서 그런 시절로의 복귀에 어느 정도 희망을 느꼈을 것입니다. 연애할 때 남편은 표정 하나, 행동 하나에 관심을 가져 주었습니다. 굳이 일일이 설명하지 않아도 원하는 것을 잘 맞춰 주던 그였습니다. 하지만 결혼 후에는 달랐습니다. 기대만큼 알아서 재연 씨의 마음을 잘 알아주지 못했습니다. 친정어머니와 비슷한 느낌의 시어머니와 갈등이 생기면서 더더욱 마법적인 관계에 대한 갈망은 커졌습니다.

'나를 사랑한다면, 내가 말 안 해도 알아야지!'

실제로 애인이나 부부, 부모 자식 간에는 이런 환상적인 욕구가 존재하는 것을 간간히 보게 됩니다. 친한 사람끼리는 텔레파시가 통한다는 믿음, 금슬 좋은 부부는 이심전심이라는 믿음에는 이러한 욕구가 스며들어 있습니다.

물론 오랜 시간 어떤 사람과 같이 지내고, 애정을 갖고 관찰하고 맞춰 가다 보면 나중에는 눈빛만 봐도 대충 무엇을 원하는지 알 수 있고, 동작이나 표정만 보고 원하는 것을 맞추기도 합니다. 마치 어린 시절 우리의 부모님이 우리에게 해 주셨듯이 말이죠. 하지만 거기에는 많은 노력과 시간이 필요합니다. 설령 그렇게 될지라도 세세한 감정이나 순간순간의 마음까지 정확히 알 수는 없습니다.

부부 관계에서는 보통 남편들이 대화를 기피하는 성향을 가지고 있습니다. 부인이 대화 좀 하자고 필사적으로 테이블에 앉히려고 하면, 남편은 방으로 숨어듭니다. 그들은 "얼굴 표정을 보면 알 수 있잖아요, 회사에서 얼마나 힘들었는지. 그걸 꼭 말로 해야 하나요?"라고 불평합니다. 더 나아가 이렇게 말하는 분들도 있습니다.

"내가 필요한 걸 좀 알아서 해 주면 안 되나요? 그렇지 않아도 스트레스가 많은데 집에서까지 다시 그 일들을 이야기할 필요는 없잖아요."

아마도, 척척 알아서 준비물을 챙겨 주던 어머니가 그리운 것인지 모릅니다.

사랑한다면, 대화하세요

얼마 뒤 저는 재연 씨에게 이렇게 말해 주었습니다.

"불행히도 실제 우리들은 마법사가 아니에요. 독심술이란 것은 없어요. 내가 원하는 것, 내 감정을 알려 주지 않고서는 누군가가 내 마음을 정확히 알아줄 수가 없어요."

며칠 뒤 불만스러운 표정의 재연 씨가 저에게 이렇게 이야기했습니다.

"차라리 대화를 안 하는 게 나을 것 같아요. 대화를 해도 나를 이해해 주는 것 같지 않고, 서로 비난만 하다 끝이 나던데요?"

어렵게 시작한 대화이지만, 더 큰 싸움과 갈등으로 끝날 때가 왕왕 있습니다. 대화에도 기술이 필요한 것이지요.

하지만 기술 이전에 중요한 사항이 있습니다. 제가 이 부부에게 요구한 대화의 가장 중요한 목표는 '자신의 마음을 표현하고 알리는 것'이었습니다. '말 안 해도 내 마음을 알고 있겠지'라고 여기는 것은 착각입니다. 내 마음을 설명해 주어야 합니다. 상대의 변화를 유발한다든가 잘못된 행동을 지적하는 것은 그다음입니다.

우리는 흔히 이런 실수를 합니다. 내 마음 상태나 감정에 대해서 표현하는 것은 뒷전이고 상대를 비난하는 말이 먼저 튀어나옵니다. 그러면 상대는 도대체 왜 이렇게 과도하게 자기를 몰아세우는 건지 이해하기 어렵게 됩니다. 도대체 뭐가 불만이고, 원하는 것이 무엇인지 알 수가 없는 것이지요.

먼저 자신이 상대에게 무엇을 원하는지, 자신의 마음 상태가 어떤지 알려 주어야 합니다. 또한 반대로 이야기를 듣는 사람은 그것을 잘 경청했으며, 상대의 마음에 대해 이해했다는 표현을 해 주어야 합니다. 이런 것을 가능하게 해 주는 대화법을 '일치형 대화'라고 합니다.

비록 상대방이 마법같이 내 마음을 알아주진 못해도, 대화를 통해서 교감하고 공감받고 있다는 것을 느낄 수는 있습니다. 사실 대화는 참으로 신기한 것입니다. 눈에 보이지 않는 마음을 표현하고 이해하는 것, 그것은 인간만이 가진 진정한 마법이지요.

나로부터 시작하는 일치형 대화법

우리는 보통 요구 사항이 있을 때 상대편을 중심으로 말을 시작합니다. "너는 왜 이렇게 약속을 안 지켜?" 하는 식입니다. 그러면 상대는 '또 나를 비난하는구나' 하고 받아들일 수 있습니다.

상대가 나의 어떤 행동에 대해 변화를 요구하면 보통 우리는 자신을 비난하는 것으로 여깁니다. 그래서 같이 상대를 비난하거나 나의 행동을 합리화하고 핑계를 대게 됩니다. "나도 힘들어", "나는 할 만큼 했어" 하는 식입니다.

이와 달리 '일치형 대화'는 자신의 마음을 이야기하는 것부터 시작합니다. 그런데 문제는 정작 자신이 왜 화가 나고 속이 상

당신의 감정에는 당신만의 사연이 있다

했는지, 또는 무엇을 원하는지 정확히 알기 어려울 때가 있다는 것입니다. 그럴 때는 자신의 마음속에 상대에 대한 기준을 미리 정해 놓지는 않았는지 살펴보세요. 그 기준은 대체로 다음의 네 가지입니다.

1. 권리

"나에게 이 정도 해 주는 것은 당연한 거야."

"내가 이 정도를 요구하는 것은 당연한 거야."

2. 정의

"이렇게 해 줘야 맞는 거야."

"내가 하는 방식이 더 올바른 거야."

3. 변화

"변화가 있어야 올바른 거야."

"무언가 바뀌어야만 해."

4. 조건

"나를 사랑한다면 이것을 해 줘야 해."

"나를 중요하게 여긴다면 이렇게 해 주겠지."

우리는 흔히 이러한 기준에 상대가 맞춰 주지 못하면 불쾌한 기분을 느낍니다. 남자 친구가 약속을 자꾸 어겨서 화가 난 경우를 예로 들어 봅시다. 위의 기준들 중 '조건'에 해당하는 기대가 있음을 깨달았다고 한다면 이렇게 이야기하는 것입니다.

"나는 네가 날 사랑한다면 약속을 지켜 줄 거라고 생각하고 있었어. 근데 네가 자꾸 약속을 어기니 네가 날 사랑하지 않는 것 같아 화가 나. 앞으로 약속을 잘 지켜 주면 좋겠어."

내가 상처받은 이유를 위의 기준에 맞게 설명하고 마무리는 상대에게 정중히 부탁하는 형식으로 하는 것입니다. 이렇게 되면 상대는 대화를 비난으로 여기지 않고 나의 마음을 이해해 보려 할 것입니다.

그렇다면 반대로 상대방이 먼저 말을 걸어온 경우에는 어떻게 할까요? 이럴 때는 먼저 상대의 감정에 공감해 주고 상대의 마음을 이해했음을 표현해 준 뒤, 본인의 이야기를 나중에 합니다. 이렇게 말이지요.

"네 이야기를 들어 보니 내가 늦는 것이 널 사랑하지 않는 것처럼 느껴졌구나. 그랬다면 많이 속상했겠네. 그런 건 아니야."

당신의 감정에는 당신만의 사연이 있다

내 속마음을
모두가 알 것이라는
착각

· 사고 전이에 대한 믿음 ·

신생아 시절에는 엄마와 내가 따로 구분되어 있는 줄 모르며, 그로 인해 당연히 엄마의 마음과 내 마음도 하나라고 생각합니다. 그런 시기를 정신의학자 마가렛 말러(Margaret Mahler)의 발달이론에서는 공생기라고 합니다. 대략 생후 2개월부터 5개월까지의 기간을 이 시기로 생각합니다.

이 시기가 지나서야 어렴풋하게 나와 대상이라는 개념을 알게 되고, 엄마라는 나 이외의 존재가 있음을 알게 됩니다. 하지만 공생기가 지나 '엄마의 마음과 내 마음은 하나가 아니다'라는 것을 어렴풋이 알게 되어도 그 후 상당 기간 동안은 '내 생각을 엄마가 곧 알 수 있다'라는 믿음을 갖고 있습니다.

이렇게 말을 안 해도 누군가가 내 생각을 정확히 알아내는 것을 '사고 전이'라는 말로 표현할 수 있습니다. 사고, 즉 생각이 바로 전달된다는 뜻입니다. 텔레파시와 비슷한 개념이라고 생각하시면 될 듯합니다. 신생아 시기에 우리는 누구나 사고 전이에 대한 믿음을 갖고 있었던 것이지요.

앞에서 이야기한 '사랑한다면 말하지 않아도 알아야지'가 현재에도 사고 전이가 있었으면 좋겠다는 은밀한 환상과 소망을 가지는 경우라면, 이제 이야기할 내용들은 사고 전이가 실제로 이루어지고 있다고 믿는 경우입니다. 병원에서 환자들을 만나다 보면 성인이 된 이후에도 이런 사고 전이에 대한 믿음이 여러 가지 형태로 나타날 수 있음을 보게 됩니다.

내 마음이 다 들리는 건 아닐까?

〈사토라레〉라는 일본 영화가 있습니다.

천만 명의 하나, 마음을 들키는 천재. 당신도 내 마음이 들리니까? 그만 모르고 우리만 아는 거짓말 같은 이야기

천만 명 중 한 명, 어떤 방면에 천재적인 재능을 지닌 아이가

태어납니다. 하지만 불행히도 그의 모든 생각은 주변 사람들에게 생중계됩니다. 그가 마음속으로 하는 생각이 마치 직접 말하듯 소리로 주변 사람들의 귀에 들리게 되는 것입니다. 그런 그를 영화에서는 '사토라레'라고 부릅니다.

하지만 정작 사토라레인 본인은 자신의 마음이 주변 사람에게 읽히고 있다는 것을 모릅니다. 천재적인 재능을 가진 사토라레가 심리적 충격을 받지 않고 편안한 환경에서 인류에 이바지할 수 있도록 정부에서 통제하고 있기 때문입니다. 즉, 주변 사람들의 행동을 법으로 엄격히 통제하여 본인이 사토라레라는 사실을 모르도록 하는 것입니다. 마치 영화 〈트루먼 쇼〉에서처럼 당사자만 모르도록 모두가 연극을 하고 있는 것이지요.

혹시 '주변 사람들이 내 마음을 알면서 모른 척하는 건 아닐까?', '나도 실은 사토라레가 아닐까?' 하고 의심해 본 적이 있나요? 많은 분들이 일시적으로 그런 생각을 합니다. 그러다가도 이내 '그럴 리야 없지' 하며 현실 세계로 돌아옵니다.

그런 비현실적인 사고 전이 현상을 잠시나마 '진짜일까?' 하는 마음으로 돌아보게 되는 건 아마도 우리 마음속에 신생아 시기에 가졌던 사고 전이에 대한 추억이 있기 때문일 겁니다.

그렇다면 성인이 된 뒤에도 이 사고 전이에 대한 믿음이 우리 마음에 큰 영향을 줄 수 있을까요? 그렇습니다. 말하지 않아도 내 생각을 주변에서 알고 있다고 믿는 것은 병원을 찾아

오는 분들에게서 심심치 않게 보는 증상 중 하나입니다.

사토라레 증후군… 환상으로의 도피

20대 초반의 민준 씨는 요즘 이야기하는 이른바 '훈남'이었습니다. 그는 기분이 과도하게 좋아지는 조증과 우울해지는 우울증을 번갈아 경험하며 1년에도 몇 차례씩 입원과 퇴원을 반복했습니다. 언젠가 입원해 있던 그는 나를 급하게 불렀습니다.

"선생님 이제야 제가 왜 이런지 알겠어요. 실은 선생님도 이전부터 알고 계셨잖아요?"

무슨 말이냐고 묻자 그는 이렇게 대답했습니다.

"제가 사토라레라는 것 말이에요. 사실 지금도 제 마음을 다 아실 테니 더 이상 말할 필요도 없겠네요."

실제 이런 내용을 이야기하는 환자들이 꽤 있습니다. 자신이 사토라레라고 꼭 집어 우기진 않지만 말이지요. 특히나 조울병이나 조현병에서 동반되기 쉽습니다.

저는 그들을 관찰하며 어떤 공통점이 있다는 것을 알게 되었습니다. 그 이면에는 본인에 대한 과대망상이 자리 잡고 있다는 점입니다. 민준 씨는 기분이 고양되고 조증 상태가 되면 본인이 대단한 능력의 소유자인 것처럼 생각했습니다. 그러다가 어느 순간 본인이 사토라레라고 믿었습니다.

그는 잘생기고 평소 인기가 많았으나 집이 매우 가난했고 고등학교를 중퇴한 것에 대한 열등감이 심했습니다. 그런 현실에서 좌절하고 힘들어지면 그는 조증 상태가 되어 '모든 일이 잘되고 있고 나는 다 해결할 수 있다'라며 힘든 현실을 외면했습니다. 모든 일이 꼬여 가는 스트레스 상황에서는 반대로 '모든 것이 잘되고 있고 나는 능력이 있으며 전지전능하다'라는 환상 속으로 도피했습니다.

이런 식으로 현실을 외면하고 판타지 속으로 도망가려는 조증 상태는 과거 시기로의 퇴행으로 볼 수도 있습니다. 특히 본인의 전지전능함을 믿었던 시기, 바로 신생아 시기로 말이지요. 앞서 이야기한 대로 사고 전이는 신생아 시기와 깊게 연관되어 있습니다. 따라서 그의 증상은 어린 시절로 회귀하려 하는 것임을 알 수 있지요.

민준 씨의 증상은 이렇게 해석할 수 있습니다. 스트레스와 갈등으로 힘들어지면 전지전능했던 시절로 도피하려 하고, 그 시기의 흔적인 사고 전이를 믿게 되는 것입니다. 그것은 자신의 자존감을 지키려는 필사의 노력처럼 보였습니다.

조증 기간 동안 환자는 행복합니다. 그리고 과대한 생각을 합니다. 자신의 위대한 사고가 세상에 방송된다고 믿습니다.

원치 않는 입원을 하고 있던 그는 저를 보며 이렇게 이야기하곤 했습니다.

"선생님, 지금 전 정말 오랜만에 활력도 나고 기분 좋은 상태인데, 도대체 왜 강제로 입원시키고 제 인생에 태클을 거는 겁니까?"

그에게 있어 기분 좋은 조증이란 슬픈 도피처였습니다. 우리도 힘든 상황이면 마음속 공상이나 상상의 세상에서 위로를 받기도 합니다. 하지만 현실감을 유지하는 것이 필요합니다. 사토라레는 그저 영화일 뿐이니까요.

사기꾼 증후군… 우울이 불러온 불안감

지금까지 조증에 대해 이야기했지만, 사고 전이는 우울증에서도 변형된 모습으로 흔히 나타납니다. '사기꾼 증후군'이라는 것이 그것입니다.

'나는 사실 뛰어난 인물이 아닌데 운이 좋아서 이 자리에 있는 것이다. 얼마 안 가 모두 들통 날 것이다.'

이런 생각이 바로 전형적인 사기꾼 증후군의 모습입니다. 내 마음을 누군가 읽고 있다는 직접적인 믿음은 아니지만, 내 결점과 숨겨 왔던 비밀들을 모두가 알아차릴 것 같다는 생각으로 나타납니다. 그 이면에는 내 마음속에 있는 것들을 남들이 다 알 수 있다는 사고 전이에 대한 믿음이 있습니다.

객관적으로 보기에 능력 있고, 일처리도 잘하는 선현 씨는 항상 불안해했습니다.

"저는 곧 개망신을 당할 거예요."

"이번 일을 어떻게 해 내긴 했지만, 그건 그저 운으로 한 거고 제가 실은 능력이 없다는 사실을 사람들이 알아차릴 것 같아요."

"오늘도 직장 동료를 보는데 마치 제 마음을 다 알고 있는 것 같았어요. '운으로 넘기는 건 이번이 마지막일걸, 이 사기꾼아!'라고 하는 것만 같았어요."

그는 뛰어난 능력을 지녔지만, 정작 본인은 능력이 없고 볼품없다고 믿었습니다. 자존감이 한없이 낮았으며, 우울증이 의심됐습니다. 하지만 여기서 한 가지 더 눈에 띄는 증상은 앞서 설명한 사기꾼 증후군입니다. 그는 '지금은 어떻게든 내 마음과 결점을 감추고 있지만, 얼마 안 가 모든 사람이 내 마음을 속속들이 다 알아볼 것이다'라고 생각했습니다.

그것이 일어날 수 없는 비현실적인 일이란 걸 알면서도 불길한 느낌을 막을 수는 없었습니다. 그런 느낌에 압도되어 불안해지면 그저 자신이 마음속으로 믿고 있는 대로 '나는 그저 운이 좋았다'라는 것을 들키지 않기 위해 최선을 다했습니다. 그럴 가능성이 없음에도 매일 눈치를 보며 상대방이 내 마음속 진실을 알고 있는 것은 아닌가 하는 불안에 시달렸습니다.

정도의 차이는 있지만 누구나 큰 스트레스 상황이 되면 비슷한 느낌이 들 수 있습니다. 누군가 나만이 알고 있는 실수와 결점을 알아낼 것 같은 기분이 듭니다. 그러나 "내가 숨겨도 결점을 남들이 다 알아낼 것 같아"라며 불안한 마음을 이야기하면 주위에서는 "그런 일은 있을 수 없어", "뭘 그런 것 가지고 고민을 하냐"라며 대수롭지 않게 여깁니다.

스트레스와 우울증 등의 위기 상황이 되면 우리 무의식 속의 마법적 사고는 다시금 나타납니다. 그때는 얼마 안 가 나의 결점들이 다 들어나고 말 것 같은 불안감이 엄습합니다. '내 생각을 누가 읽고 있다'라는 직접적이고 믿을 수 없는 방식으로 모습을 드러내지는 않습니다. 그저 내 결점은 곧 알려지고 드러날 것 같다는 모호한 느낌으로 모습을 바꾸어 나타나는 것입니다.

내 실수나 결점을 남들이 모두 알아낼 것이고, 난 망신을 당하고 말 것이란 생각이 드시나요? 스트레스에 의해 원시적 사고가 나타나고 있을 가능성이 있습니다. 독심술이나 사토라레, 사고 전이와 같은 것은 그저 영화나 소설에서나 가능한 일임을 잊지 마세요.

당신의 감정에는 당신만의 사연이 있다

사기꾼 증후군 극복하기

내가 가진 결점이나 실수를 남들이 알까 봐 과도하게 두려워하는 사람은 자신의 약점을 너무 부풀리고 크게 생각하는 경향이 있습니다. "이 약점을 사람들이 알면 아무도 나를 좋아하지 않을 거야", "그런 실수를 하다니 나는 정말 쓸모없는 인간이야" 등으로 확대 해석하는 것입니다. 이런 생각의 함정에서 벗어나기 위해서는 객관적인 시각을 가질 필요가 있습니다. 이럴 때는 다음과 같은 질문을 해 봅니다.

- "친한 친구가 나와 같은 실수를 했다면 뭐라고 조언해 줄 것인가?"
- "자신의 결점을 남들이 알게 될까 봐 과도하게 두려워하는 친구에게 무엇이라고 조언해 줄 것인가?"

아마도 누구나 실수를 하며 약점을 가지고 있다고 친구를 위로해 줄 것입니다. 우리는 자신도 모르게 남들보다 자신에게 더 가혹한 잣대를 들이대기도 합니다. '나는 완벽해야만 돼', '남들에게 약점을 절대 보여 주면 안 돼' 하고 생각하는 것입니다.
나 자신을 소중한 친구처럼 대해 주세요. 실수할 수 있고 결점이 있는 인간임을 받아들이고 수치스러워하지 마세요. '내 약점과 실수를 남들이 알게 된다고 해도 내 전체를 비난하지는 않는다'라는 믿음이 생기면 사기꾼 증후군은 점점 힘을 잃게 될 것입니다.

불길한 생각을
떨칠 수 없는
이유

· 사고-행동 융합 ·

중학교 1학년 여학생이 저를 찾아왔습니다. 몇 달 전 새로 전학을 했는데 적응하기도 어렵고, 친구들이 은근슬쩍 자신을 무시해서 큰 스트레스를 받았다고 했습니다. 그러던 중 약 한 달 전부터는 남자와 함께 있는 생각을 하면, 그런 생각을 한 것만으로도 자신에게 안 좋은 일이 생길 것이라고 믿게 되었습니다. 남자와 관련된 생각을 한 이후에 외출을 할 때엔 치한이 자신을 해코지할 것 같다며 심하게 불안해했습니다. 남자와 함께 있는 생각이 스쳐 지나갈 때면, 치한이 나타나는 것을 막기 위해 몇 번이고 손을 씻었습니다. 그렇게 몇십 분간 손을 씻어야만 치한이 나타나는 것을 막을 수 있다고 믿었습니다.

제가 보기에 그것은 본인이 한 불온한 생각을 씻어 내는 의식과 같았습니다. 그는 자신의 생각에 과도한 능력을 부여하고 있었습니다. 이해되지 않는 심한 죄책감으로 스스로를 괴롭히고 있었습니다.

이런 증상들을 강박증이라고 합니다. 자신의 생각이 불길한 일을 유발할까 봐 걱정하고 그것을 막기 위해 같은 행동을 수없이 반복하는 것입니다. 이런 강박증에도 어릴 적 원시적인 사고와 감정의 흔적이 숨어 있을까요?

생각한 대로 이루어진다는 믿음

성경에 이런 말이 나옵니다.

"악은 어떤 모양이라도 버리라."

해석은 다를 수 있겠지만, 보통 '악을 행하려는 생각조차도 버리라'라는 의미로 받아들였습니다. 즉, '저 사람 때리고 싶다', '저 사람이 가진 목걸이를 뺏고 싶다' 같은 나쁜 생각은 속으로라도 하지 말라는 것입니다. 교회에서 처음 이 이야기를 듣고 한동안 불안해했던 기억이 납니다. 이후 속으로만 생각한 것에 대해서 죄책감을 갖기도 하고, '혹시나 내가 생각한 대로 어떤 사람에게 안 좋은 일이 일어나면 어떡하지?' 하며 걱정

당신의 감정에는 당신만의 사연이 있다

하기도 했습니다.

이렇듯 본인이 생각만 한 것이라도 그것은 곧 행동한 것과 같은 결과를 가져온다고 믿는 것을 '사고-행동 융합(thought-action fusion)'이라고 합니다. 아마도 마음속으로 불온한 생각을 하고 그것 때문에 실제 그 일을 한 것처럼 죄책감을 느낀 경험은 다들 있으실 겁니다. 이렇듯 사고-행동 융합은 매우 흔한 증상으로 특히나 강박증을 형성하는 중요한 기전이 됩니다.

'내가 한 생각만으로 어떤 변화를 만들어 낸다'라고 믿는 사고-행동 융합에는 자신이 전지전능하다고 여겼던 신생아 시기 사고방식의 흔적이 보입니다. 생각만 해도 원하던 것이 이루어지던 그 시절의 사고가 또다시 힘을 발휘하고 있는 것이지요. 생각하는 것들이 다 이루어진다고 믿던 그 시절, 생각이 가진 힘은 굉장한 것이었습니다. 그런 힘이 다시 생각에 주어진 것입니다.

사고-행동 융합이라는 용어 자체로만 보면 생각하는 것과 행동하는 것을 같다고 보는 것이지만, 보통 여기에서 끝나지는 않습니다. 생각한다는 것의 힘은 더욱 확대되어 단순히 생각과 행동을 동일시하는 것뿐이 아니라, 내가 생각한 일들이 실제 일어날지 모른다는 믿음도 갖습니다. 가령 '오늘 도둑이 들 것 같다' 또는 '오늘 우리 집에 불이 날 것 같다'라고 생각했다면 정말 그 일이 일어날 것 같은 생각이 들고, 그 때문에 불안감과 죄책감이 들기도 합니다.

그런 연후에는 그런 불길한 일을 막아야 한다는 생각이 듭니다. 그래서 자신이 한 생각을 없던 것처럼 돌리려는 노력을 하게 됩니다. 이것을 정신과 용어로는 취소(undoing)라고 합니다. 안 좋은 생각을 취소하기 위해서는 반복해서 해야 하는 생각이나 행동 등이 생겨납니다. 안 좋은 일이 생기지 않도록 하려면 마음속으로 '괜찮아'라는 말을 열 번 반복해야 한다거나, '나도 모르게 남을 미워하는 생각을 했으니 이것을 막기 위해서 그 사람에게 사과하는 장면을 생각해야 한다' 하는 식입니다.

취소를 위해 강박적인 행동을 하기도 합니다. '안 좋은 일을 막으려면 손을 열 번 씻어야 한다', '확인을 했지만, 방문을 다섯 번 잠겼나 열어 보며 재확인을 해야 한다. 그렇지 않으면 도둑이 들어올 것이다' 등등입니다. 마치 악한 마법의 힘을 선한 마법으로 중화시킨다는 판타지 영화 같기도 합니다.

이런 과정을 반복하며, 마치 거대한 힘을 물려받아 버린 어린 왕처럼 자신의 힘을 버거워하고 그로 인해 누군가 큰 피해를 볼까 봐 걱정합니다. 마치 주변에서 일어나는 모든 일들이 자신의 책임인 듯 괴로워합니다.

옛날에는 왕에게 덕이 없고 나쁜 생각을 하면 흉년이 들고 역병이 돈다고 했지요. 강박증, 그 마음속엔 무거운 굴레를 짊어진 왕이 있습니다. 이런 일련의 사고와 행동이 강박증을 만드는 중요한 역할을 하는 것입니다.

굳이 강박증으로 진단되어 고생하시는 분이 아니더라도, 누구나 가끔은 본인이 한 생각이나 말이 실제로 일어날까 봐 불안해하거나 죄책감을 느끼기도 합니다. 또한 앞일을 걱정하면서 수많은 가능성 중 하나인 최악의 상황이 떠오르면 실제로 그런 일이 일어날 것만 같아 불안해집니다. 그러나 지나고 나면 '왜 그렇게 가능성 희박한 일이 생길까 걱정했을까?' 했던 경험들이 있으실 겁니다.

우리 모두는 신생아 시절 '생각한 대로 이루어진다'라는 믿음을 가지고 있었습니다. 이런 믿음은 자라면서 겪게 되는 경험을 통해 틀린 것임이 밝혀지고 폐기 처분됩니다. 그러나 언제고 기회가 되면 다시 강박증이라는 모습으로 나타날 수 있습니다.

생각에 모두 책임질 필요는 없다

누구나 스트레스 상황에서는 일시적으로 이런 원시적 사고와 강박증이 나타날 수 있지만, 이것이 오랜 기간 지속된다면 치료가 필요합니다. 이런 왜곡된 믿음, 그로 인한 불안감을 치료하는 것은 의외로 간단합니다. 사고-행동 융합이 실제로 일어나지 않는다는 것을 직접 느끼고 확신하는 것입니다.

강박증의 인지행동치료에서 가장 중요한 노출치료가 있습니다. 이는 본인이 해야 하는 강박행동이나 사고를 강제로 못하게 하는 것뿐입니다. 그런 강박적인 사고, 행동을 못하는 것이 너무 괴롭고 불안하기 때문에 치료자가 옆에서 도와주는 것이지요. 그런 고통의 시간이 지나면, 본인 스스로 '생각하는 것과 실제 일어나는 것과는 연관이 없구나' 하는 것을 느끼게 됩니다. 그게 치료입니다.

이 책에서 기억도 안 나는 어린 시절의 이야기를 하며, 당시의 생각을 추적해 가는 이유가 있습니다. 도대체 왜 이런 미신 같은 생각이 드는지 몰라 무기력하게 복종해 왔다면, 이제는 어느 누구나 그럴 수 있다는 것을 이해하고 능동적인 태도를 취했으면 합니다. 그건 누구나 지나온 과정이기 때문입니다. 나만 이런 것은 아니구나 하는 생각은 그것만으로도 큰 위안을 줍니다.

'그래도 이렇게 불안한 걸 보면 분명 무슨 일이 일어날 거야'라는 생각에서 자유로워지세요. '그저 마음이 과거에 대한 향수를 느끼고 있구나' 하고 생각하세요. 자신도 모르게 순간순간 스쳐 지나가는 불길한 생각들과 비도덕적인 생각들에 모두 책임을 질 필요는 없습니다. 평상시 도덕적으로 지내려고 노력하고 비도덕적인 생각들을 행동에 옮기지 않는 통제력이 중요한 것입니다. 더 이상 스쳐 가는 생각마다 '실제로 일어날까?', 그래서 '벌 받지는 않을까?' 하고 고민하지 마세요. 확신을 가지세요. 생각은 생각일 뿐입니다.

불길한 생각을 떨쳐 버리는 이미지 사고법

자신도 모르게 머릿속에 떠오르는 생각을 '침습적 사고'라고 합니다. 우리는 누구나 하루에 몇 번씩 침습적 사고를 경험합니다. 불손한 생각을 하기도 하고, 안 좋은 말이 떠오르기도 합니다. 불길한 장면이 스쳐 지나가기도 합니다.

어떤 조사에 의하면 90퍼센트 이상의 사람들에게 침습적 사고가 있다고 합니다. 결국 생각하고 싶지 않은 장면이나 사고가 순간순간 스쳐 지나가는 것은 자연스러운 현상입니다. 문제는 보통의 경우 그런 불길한 생각이 떠올라도 큰 의미를 부여하지 않고 금방 잊어버리는 반면, 어떤 사람은 그 생각이 드는 자체를 막으려고 한다는 점입니다. 하지만 그로 인해 거기에 더 집착하게 되고 하기 싫은 생각은 더 떠오르게 됩니다.

그렇다면 불길한 생각에 사로잡혀 있을 때 그냥 흘려보낼 방법은 없을까요? 그럴 때는 이미지 사고법을 사용할 수 있습니다. 과도한 감정이나 생각을 배출하는 상상을 하는 것입니다.

화장실 좌변기나 거대한 쓰레기 처리장, 무엇이든 빨아들이는 블랙홀을 생각해도 좋습니다. 그렇게 떠올린 이미지에 푯말을 만들어 봅니다. 이를테면 '침습적 생각 처리기' 같은 식입니다. 이 장치는 강력한 기능이 있어서 한번 버린 것은 다시 올라오지 않습니다.

침습적 생각이 들 때마다 그 생각들을 하나의 쓰레기처럼 상상합니다. 구겨진 종이나 휴지에 쓰여 있는 글씨나 사진이라고 생각해도 좋습니다. 그리고 자세히 들여다보거나 생각해 볼 필요도 없이 바로 침습적 생각 처리기에 버립니다. 좌변기라면 레버를 내려 물과 함께 떠내려 보내고, 블랙홀이라면 빨려 들어가서 없어지는 모습을 떠올립니다. 그러면서 '나는 내게 들어온 과도한 감정과 생각에 책임을 질 필요가 없으며, 그것을 버리거나 처리할 자유가 있다'라고 생각합니다. 다 버린 뒤에는 이렇게 소리 내어 말합니다.

"나는 침습적 생각을 처리하는 법을 배우고 있다."

이 말이 마음에 와 닿도록 여러 번 반복합니다.

당신의 감정에는 당신만의 사연이 있다

당신이
잘못해서
우울한 게 아니다

· 물활론으로 해석하는 버릇 ·

외래 진료를 하면서 가끔 이런 말을 하는 분들을 보게 됩니다.

"제가 이렇게 힘든 데는 이유가 있을 거예요. 아마 전생에 큰 죄를 지은 건 아닐까요? 그래서 이렇게 힘든 일이 생기고, 마음이 괴로운 거겠죠. 지금 죗값을 치르면 다음번엔 좀 낫겠죠."

자발적으로 치료를 받으러 오시는 분 중에도 이런 분들이 왕왕 있습니다. 아마 병원에 오지 않고 홀로 마음고생 하시는 분 중에도 본인이 무엇을 잘못한지도 모른 채 그저 벌을 받고 있다고 생각하며 자학하는 분들이 많겠지요.

저를 찾아온 환자 한 분은 길거리를 걷는데 갑자기 소나기가 내렸답니다. 그래서 급히 뛰어가다가 그만 돌에 걸려 넘어져서 크게 다치고 말았습니다. 그런데 그분은 제게 이런 이야기를 합니다. "아마도, 제가 죄를 많이 지어서 벌 받았나 봐요."
이런 환자분들의 마음을 이해하기는 쉽지 않습니다. 실제로 우울증에 걸린 분들은 믿을 수 없을 정도로 본인의 행동을 자책하기도 하고, 하지도 않은 일들에 대해서 죄책감을 느끼며, 또 그것을 기꺼이 받아들입니다.

그런데 죄책감은 차치하더라도, 여기서 주목해야 할 사실이 한 가지 더 있습니다. 우연히 발생하는 일들(비가 내리고, 돌에 걸려 넘어진 것)을 마치 누군가가, 또는 신이 어떤 의도(벌을 주려는 의도)로 일으킨 것이라는 믿음입니다. 이런 현상을 이해하기 위해서는 어린 시절보다 더욱 먼 옛날로 가 볼 필요가 있습니다. 우리의 조상인 고대 인류가 우리 마음속에 남겨둔 흔적을 살펴봐야 합니다.

모든 일에는 의도가 있다는 믿음

원시 인류는 매우 척박한 환경에서 살아야 했을 것입니다. 주변 맹수들의 위협, 수시로 나타나는 자연재해, 부족끼리의 잦은 전쟁 등에서 그저 하루하루 생존해 나가는 것이 절대 목표이자 최우선 과제였습니다. 그런 생존 경쟁에서 살아남아

당신의 감정에는 당신만의 사연이 있다

우리에게 유전형질을 남겨 준 이들은 어떤 사람들이었을까요?

그들은 의심이 많았을 것입니다. 그저 바람에 흔들리는 낙엽 소리에도, 한밤중에 들리는 작은 새소리에도 '무언가 위험한 것이 있다', '누군가, 무엇인가가 숨어 있을지 모른다'라고 생각했을 것입니다. 그렇게 위험에 대해서 과도하게 주의를 기울인 사람들이 살아남는 데 절대적으로 유리하기 때문입니다. 그저 '별일 아니겠지' 하며 편안히 잠을 자던 사람들은 결국 맹수와 타인의 공격에 대비하지 못하고 생을 마감했겠지요.

이렇게 생존에 유리한 '의심병'은 고대 인류에게 더욱 확고해지고 또 확대됩니다. 과학적 사고가 없는 그들은 주위에서 벌어지는 일들을 누군가의 의도가 숨겨진 것으로 파악했습니다. 천둥이 치는 날이면 '하나님이 화가 난 것이다'라며 그 현상 이면에 숨어 있는 위협적인 의도를 간파하려 노력한 것입니다. 이렇게 우연히 발생한 자연현상이나 평범한 물체에도 의지와 의도가 있다고 믿는 것을 '물활론(animism)'이라고 합니다.

물활론은 의미 없는 자연의 변화조차도 '누군가 나를 해치려 하는 것은 아닌가?' 하고 의심하면서 발생합니다. 특히 물활론적인 사고는 수시로 일어나는 현상이나 일들이 아니라 애매모호하거나 곧바로 이해할 수 없는 사건들이 발생했을 때 그 힘을 발휘합니다. 평소와는 다른 예외적인 현상이 발생했을 때가 바로 생명을 위협하는 위기 상황일 가능성이 크기 때문입니다.

항상 경계하는 사람이 살아남았고, 그들은 우리의 조상이 되었습니다. 우리의 마음 어딘가에 '항상 불안해하라', '경계하라'라는 그들의 흔적이 남아 있습니다. 우리 마음에 물활론에 대한 향수가 숨어 있는 것입니다.

우울증은 벌이 아니다

물활론은 아이들의 발달 과정을 연구하던 피아제(Piaget)에 의해 유아기에는 누구나 가지고 있던 사고방식임이 밝혀졌습니다. 아이들은 본인 주변에서 일어나는 현상이나 변화에 대해 누군가의, 혹은 절대적인 존재의 의지와 의도를 의심합니다. 아이들은 밤과 낮이 바뀌는 것도 계절이 바뀌는 것도 누군가 뒤에서 명령을 내리고 있다고 생각합니다. 이렇듯 실제 유아들의 사고방식은 원시 인류의 그것과 매우 흡사함이 알려져 있습니다.

성인이 되고 난 뒤에도 스트레스 상황이나 우울증이 오면 이런 물활론에 대한 믿음과 과도한 의심병이 다시 고개를 듭니다. 원시 인류가 남겨준 흔적, 또는 유아 시절의 사고방식이 다시 나타난 것입니다.

당신의 감정에는 당신만의 사연이 있다

"나에게 이렇게 힘든 일들이 계속해서 터지는 건 내가 무언가 잘못했기 때문에 누군가 벌을 주는 거야."

"갑자기 내가 병에 걸리고 아들은 사업이 망하고 하는 게, 조상을 잘 모시지 않는다고 조상님이 화가 나서서 그런 것 같아요."

자신이 겪는 어려움의 원인을 그저 느낌으로 해석하고 맙니다. 초월적인 존재가 의도를 가지고 나에게 불행을 주는 것이라고 믿어 버립니다. 앞서 이야기한 대로 이런 물활론에 대한 믿음은 본인이 잘 알지 못하는 애매모호한 현상이나, 평소와는 다른 예외적 상황에서 더욱 강력한 힘을 발휘합니다.

언제나 내 안에 있으면서도 모호하고 애매하여 우리가 잘 알지 못하는 부분이 있습니다. 바로 우리 마음속의 변화입니다. 실제로 우리 내부의 마음은 외부 세계보다 더 낯설고 알 수 없는 현상들이 나타날 때가 많습니다. 왠지 모를 불쾌감, 불안감, 자괴감, 공허함 등이 오면 마음속 불쾌한 감정들이 우울증이라는 병으로 발생한 증상이라는 것을 받아들이지 않습니다. 이런 마음속의 알 수 없는 변화를 물활론으로 해석합니다.

"제 마음이 이렇게 불편하고 괴로운 것은 누군가 벌을 주는 것 같아요. 그래서 힘든 일들도 저에겐 더 많고, 이렇게 불안한 거겠지요."

"제가 어떻게 해 볼 수 있는 게 아닌 것 같아요."

그렇지 않습니다. 누구도 이유 없이 벌 받고, 괴로움을 느껴야 할 필요는 없습니다. 아니 그런 일은 있으면 안 됩니다.

지금 마음이 괴롭고 힘드신가요? 그저 어쩔 수 없는 숙명처럼 받아들이지 마세요. 주변에 도움을 청하세요.

과도한 죄책감을 떨쳐 버리는 법

다음 문항을 통해 내가 혹시 과도하게 죄책감이나 책임감에 사로잡혀 있는 건 아닌지 간단하게 알아볼 수 있습니다.

1	나는 특별히 죄책감을 느끼지 않는다.	1점
	나는 죄책감을 느낄 때가 많다.	2점
	나는 죄책감을 느낄 때가 아주 많다.	3점
	나는 항상 죄책감에 시달린다.	4점
2	나는 벌을 받고 있다고 느끼지 않는다.	1점
	나는 어쩌면 벌을 받을지도 모른다는 느낌이 든다.	2점
	나는 벌을 받을 것 같다.	3점
	나는 지금 벌을 받고 있다고 느낀다.	4점
3	내가 다른 사람보다 못한 것 같지는 않다.	1점
	나는 나의 약점이나 실수에 대해서 나 자신을 탓하는 편이다.	2점
	내가 한 일이 잘못되었을 때는 언제나 나를 탓한다.	3점
	일어난 모든 나쁜 일들은 다 내 탓이다.	4점
합계		점

-베크 우울증 검사(BDI; Beck Depression Inventory) 중에서

1번부터 3번까지 문항에서 해당하는 점수를 모두 합해 8점 이상이면 과도하게 죄책감을 느끼고 내 책임으로 연결 짓는 물활론적 사고가 의심되는 상태입니다. 이럴 때는 수시로 다음과 같이 자신에게 말해 줍니다.

- "누구도 이유 없이 (혹은 과도하게) 벌 받고 괴로움을 느낄 필요는 없다."
- "나는 나와 상관없는 일도 내 탓을 하고 있다. 하지만 내가 모든 것을 책임질 수는 없는 것이다."

이때 검지와 중지를 모아 오른쪽 가슴과 왼쪽 가슴을 다섯 번씩 번갈아 가며 두드려 줍니다. 그냥 말만 하는 것보다 이렇게 감각적인 자극을 주면서 하면 더 효과가 좋습니다. 가슴 깊이 말을 넣는다는 기분으로 가슴을 두드리며 말을 합니다.

우울증을 벌로 생각하지 마세요. 치료받아야 할 병일 뿐입니다.

라이너스를 아시나요?

찰스 M. 슐츠의 〈피너츠〉라는 만화에는 한때 아이들의 필통과 공책 디자인을 독차지하던 여러 캐릭터가 나옵니다. 지금도 스누피는 주인공인 찰리 브라운보다 인기 있는 캐릭터이고, 관련 상품들 역시 여전히 큰 인기를 자랑합니다.

이 만화에 등장하는 여러 캐릭터 중에는 항상 담요를 옆구리에 끼고 다니는 라이너스라는 아이가 있는데, 그 모습이 꽤 인상적입니다. 라이너스는 대체 왜 담요를 계속해서 안고 다니는 걸까요?

유아들이 라이너스처럼 담요를 끼고 다니는 것은 흔한 일입니다. 우리가 흔히 말하는 '애착 담요'와 같은 것이지요. 유아가 자신의 분신처럼 가지고 다니는 것은 담요만이 아니라 곰 인형이 될 수도 있고, 병아리 인형이 될 수도 있습니다.

도날드 위니콧(Donald Woods Winnicott)이라는 소아 정신분석학자는 이런 물건(담요나 곰 인형 등)을 이행기 대상(transitional object)이라 불렸습니다. 그는 이행기 대상이 유아의 발달 과정에서 핵심적인 역할을 한다고 보았습니다.

갓 태어난 아이는 자신과 어머니의 존재를 구분할 줄 모릅니다. 말러는 이 시기를 공생기(symbiotic phase)라고 불렀습니다. 아이가 엄마를 마치 하나인 것처럼 생각한다는 의미입니다.

이때의 아이는 전능함을 느낍니다. 배고프다고 느끼면 저절로 우유(젖)가 제공되고, 무언가 불편하다고 생각하면 잠시 뒤 저절로 해결되기 때문입니다. 실제로는 아이가 불편해서 울음을 터트리면 엄마가 젖을 주거나 불편함을 해결해 준 것이지만, 아이는 엄마의 존재를 모르기에 자신에게 마법과 같은 힘이 있다고 느끼는 것입니다.

하지만 이렇게 의기양양하고 전능함을 느끼는 시기는 금세 끝나게 됩니다. 실은 자신이 무력하고 어머니라는 존재가 따로 존재한다는 것을 알아가는 것이지요. 나라는 존재와 별개로 존재하는 엄마는 내가 필요할 때마다 바로 나타나 주지도 않고, 내 마음대로 움직여 주지도 않습니다. 자라다 보면 엄마 없이 혼자 지내야 하는 시간도 늘어납니다. 이것은 아이에게 큰 공포를 주며, 심각한 좌절감을 맛보게 합니다.

아이는 이런 불안을 극복하기 위해 엄마를 상징하는 대상을 창조합니다. 마치 자신이 갓 태어났을 때처럼 항상 옆에 있어 주고 본인의 마음대로 움직여 주었던 엄마를 상징하는 대상을 만들어 내는 것이지요. 그것이 바로 이행기 대상(즉, 담요나 인형)입니다.

아이는 담요라는 실제 사물에 마음속 판타지를 투영합니다. 상징의 시작이자, 엄마에게서 독립하는 분리의 시작을 의미하기도 합니다. 엄마와 떨어져서 독립된 개체가 되는 과정, 그리고 판타지의 세계를 벗어나 현실에 적응하는 과정이 이행기 대상이 되는 담요에 녹아 있는 것입니다.

어느 순간 아이는 담요라는 대상에 관심이 뚝 떨어지고, 그런 물건이 있었다는 것도 잊을 것입니다. 자신과 구분할 수 없이 하나의 존재로 느꼈던 엄마가 드디어 외부의 존재로 인식된 순간이며, 마침내 '분리'라는 공포스러운 과정을 극복한 것입니다. 정신과로 찾아오는 사람 중에는 이 과정이 충분히 이루어져 있지 않은 사람이 많습니다.

앞에서 살펴보았듯이, 유아가 하나의 개체로서 분리개별화하기 위해서는 먼저 엄마와 하나인 것처럼 느끼는 공생기가 존재해야 합니다. 그 이후에 분리가 되어야 하는데, 이 고통스러운 과정을 극복하기 위해 이행기 대상을 만들어 내는 것입니다.

과도한 의존성, 허무함, 외로움, 광장 공포 등을 가지고 있는 분들 중에는 이런 분리개별화 과정에 문제가 있는 경우가 많습니다. 성인이 된 이후에 이를 해결하려면 이 분리개별화 과

당신의 감정에는 당신만의 사연이 있다

정을 다시 경험해야 합니다. 어릴 적 문제가 있었던 분리개별화 과정을 정신과 의사와 함께 새롭게 쌓아야 합니다.

Chapter 2

"왜 내 편이 되어 주지 않을까?"

나 그리고 타인과 관계 맺기

아이는 본인이 곧 세상이라고 믿고, 외부 세계와 본인을 구분하지 못했던 시기를 점차 벗어나기 시작합니다. 신생아 시기가 지나가고 있는 것입니다. 나란 존재와 형체, 자아 의식, 나와 외부 경계에 대한 개념이 생기기 시작합니다. 나와 하나라고 생각했던 인물 인 엄마가 실은 따로 존재한다는 것을 알게 됩니다. 또한 자신이 전지전능한 마법사라 고 느꼈던 힘은 본인만의 착각이었음을 인정해야 하는 압박도 받게 됩니다.

그래도 아이는 좌절하지 않습니다. 엄마가 있기 때문입니다. 엄마가 옆에서 도와주기 때문입니다. 그런 과정에서 엄마에 대한 의존심이 생기고, 엄마가 없으면 죽을지 모른 다는 공포도 갖게 되며, 혼자서는 아무것도 할 수 없다는 무력감도 듭니다.

이제 엄마라는 대상은 아이에게 절대적이 됩니다. 이렇게 자신 이외에 엄마라는 대상과 관계를 맺어 가면서 우리 마음에는 어떤 변화들이 생겨났을까요? 또한 그것이 성인이 된 이후에는 우리에게 어떤 식으로 영향을 주었을까요?

언제든지
버림받을 거라는
불안

· 해소되지 않은 유기 불안 ·

대학 병원 전공의 시절 일입니다. 그날도 졸린 눈을 비비며 야간 당직을 서고 있었습니다. 새벽 2시. '삐 삐 삐 삐.' 호출기가 울립니다. 번호는 8282, 응급실입니다.

"장현아 씨, 자해로 응급실 방문했습니다."

응급실 당직 선생님의 목소리입니다. 진료하기 위해 서둘러 응급실이 있는 지하 1층으로 내려갑니다.

20대 초반의 현아 씨는 한 달에도 몇 번씩이나 새벽 응급실에 방문합니다. 응급실에 온 이유는 항상 비슷비슷합니다. 손목을 면도날로 그은 것입니다. 상처가 깊지는 않아 생명과는 관계가 없어 다행입니다.

현아 씨의 마음속에는 버려질 것 같다는 불안감이 항상 존재했습니다. 공허함도 느꼈습니다. 남자 친구가 항상 옆에 있기를 바랐고, 떨어져 있을 때면 수시로 전화를 하여 목소리를 확인했습니다.

남자 친구가 바쁜 일이 있거나 다른 사정으로 수일간 만나지 못하는 상황이 오면, 마음속에는 남자 친구에게 버려질 것 같은 불안이 엄습해 왔습니다.

바로 만나자고 졸라 보지만, 사정상 남자 친구가 못 오는 상황이 되면 자해를 합니다. 그러고는 남자 친구에게 전화해 힘들어서 자해를 했다고 이야기합니다. 즉, 자해를 한 이유는 '나아프고 힘드니 빨리 와 달라'라는 의미입니다.

남자 친구는 처음 몇 번은 모든 일을 제쳐 두고 달려옵니다. 하지만 이런 일이 반복되면 결국 떠나게 됩니다. 이후 현아 씨의 유기 불안(버림받음에 대한 공포)은 더욱 심해지는 악순환이 일어났습니다. 얼마 안 가 공허함을 이겨 내려고 다른 남자 친구를 찾지만 결국은 또 같은 패턴을 반복합니다.

현아 씨에게는 버려질 것 같은, 그러니까 유기의 두려움이 가장 큰 문제였습니다. 이를 극복하는 것이 치료의 중요한 목표였지만, 소통 방식 또한 심각한 문제였습니다. 상대를 부르는 가장 강력한 수단으로 자해를 선택하는 것 말입니다.

이것도 어린 시절 우리에게 있던 원시적 사고방식과 연관이 있을까요?

자신을 괴롭혀 엄마를 부르는 아이

아이들은 엄마라는 대상의 존재를 발견하면서 본인이 전지전능하다고 생각하던 마법의 세계에서 나오게 됩니다. 이를 통해 현실감을 갖게 되며 엄마가 옆에 없으면 홀로 살아갈 수 없음을 깨닫게 됩니다.

엄마가 눈에 보이지 않는 상황은 아이에게 큰 공포를 주게 됩니다. 그것은 엄마 없인 위험에 대비할 수 없다는 죽음의 공포와 연결된 것입니다. 따라서 유아에게 혼자 남겨진다는 것은 우리의 상상 이상으로 강력한 공포입니다.

짧은 시간은 문제없이 견뎌 낼 수 있어도 일정 기간 이상 엄마가 안 보이게 된다면, 어떤 유아든 심한 공포를 느낍니다. 겁먹은 아이는 엄마를 자신의 곁으로 돌아오게 하려고 애씁니다. 이럴 때 아이가 즉각적으로 택할 수 있는 방법은 우는 것입니다. 그것도 그냥 우는 것이 아닙니다. 온몸의 힘을 다해 절규하듯이 울어 대는 것입니다.

어머니는 아이의 우는 소리를 들으면 본능적으로 불안한 마음이 들고, 즉시 달려오게 됩니다. 갓난아이나 유아의 울음소리는 우리의 마음에 묘한 불안감을 불러일으키는 힘이 있기 때문입니다.

일례로 버스나 공공장소에서 갓난아이가 소리쳐 울면, 주위 사람 마음에는 알게 모르게 불안감이 들며 짜증까지 밀려듭니다. 비슷한 정도의 음량인 다른 소음과는 차원이 다릅니다. 이는 갓난아이의 생존에 관련된 불안이 무의식적으로 우리 마음에 전달되기 때문입니다.

우리 마음에도 '엄마가 빨리 좀 달래 주지 뭐하는 거야?'라는 생각이 듭니다. 이렇듯 아이의 우는 행동은 엄마를 옆으로 오게 만드는 데 강한 힘을 발휘합니다.

아이의 우는 행동을 좀 더 자세히 살펴봅시다. 앞에서 본 대로 온 힘을 다해 우는 행동은 굉장한 위력이 있습니다. 본인의 감정(불안)을 비언어적으로, 또 무의식적으로 상대에게 곧장 전달합니다. 상대도 불안함을 공유하게 되는 것입니다. 이것은 상대를 곧바로 달려오게 만듭니다. 즉 상대를 조종하고 자신이 원하는 것을 이루어 줍니다.

여기서 우리가 유의해야 할 것은 우는 행동은 아이 자신에게도 매우 괴로운 것이라는 점입니다. 다른 방법이 없는 상태에서 목이 아프고 힘이 빠지고 지쳐 감에도 죽자 살자 우는 것입니다. 이는 극단적으로 이야기하면 자신을 괴롭혀 엄마를 부르는 것입니다.

당신의 감정에는 당신만의 사연이 있다

엄마는 모성 본능, 자식을 향한 무조건적인 책임감과 사랑이 있기에 아이에게 달려갑니다. 이 무조건적인 사랑이 없다면 처음에는 아이가 울면 아이에게 달려오겠지만, 수차례 반복되면 나중에는 아이 울음이 안 들리는 곳으로 도망가 버릴 가능성이 높습니다.

이것이 유기 불안을 크게 느낄 수밖에 없는 아이들의 감정 표현 방식입니다. 비언어적인 표현(본인 자신도 괴로운 방식)을 하고, 그것이 상대의 불안을 자극하여 자신이 원하는 대로 상대의 행동을 유발하는 것입니다.

비언어적 표현법은 언어를 배우게 되면서 점차 마음을 말로 표현하는 방법으로 바뀌게 됩니다. 즉, 감정의 표현은 성장함에 따라 비언어적인 표현에서 언어적인 표현으로 바뀌어야 합니다.

하지만 혼자 남는 것에 대한 공포가 극복되지 않는다면, 자신이 버려질 것 같다는 생각이 들 때엔 언어보다는 더 직접적이고 원초적인 방법을 택하게 될 것입니다. 자신을 괴롭혀서 필사적으로 엄마를 부르는 방법이 계속해서 나타날 것입니다. 그렇다면 우리는 혼자 남는 것에 대한 공포를 어떻게 극복하는 것일까요?

이런 변화를 가능하게 하는 것은 어머니라는 존재를 향한 믿음과 확신입니다. 아이의 마음속에 어머니에 대한 이미지, 즉 표상이 확고하게 자리 잡는 것입니다. 마음속에 생긴 어머니의 표상은 어머니가 눈에 보이지 않아도 실제 어머니처럼 안심과 위로를 줄 수 있습니다. 눈에 보이지 않는 엄마를 즉시 마음속에 떠올릴 수 있고, 그런 마음속 이미지가 실제 엄마를 대신해 주는 것입니다. 혼자 남는 것, 버림받음에 대한 공포는 마음속 어머니의 표상이 확고해질수록 줄어듭니다.

이런 과정을 완수하지 못해 어린 시절의 유기 불안을 잘 해소하지 못한 성인은 작은 스트레스에도 쉽게 미성숙한 감정 표현법을 사용할 가능성이 큽니다. 유아가 어머니를 부르기 위해 썼던 감정 표현 패턴을 현재 주위 사람들과의 관계에서도 그대로 재현하려 할 것입니다. 힘껏 울어서 누군가에게 자신을 돌봐 달라고 하는 방식 말입니다.

단, 성인들은 그저 우는 것으로 감정과 불안을 표현하지 않습니다. 자신을 괴롭혀서 자신의 감정을 주변에 전달하는 방식이란 원리는 공통되겠지만 다른 원시적 사고들처럼 다소 변형된 모습으로 나타나게 됩니다. 이런 방식을 '자기 파괴적 감정 표현법'이라고 해 보겠습니다.

성인의 자기 파괴적 감정 표현

성인들이 흔히 사용하는 자기 파괴적 감정 표현법을 살펴보자면, 첫 번째로 쉽게 생각할 수 있는 것은 몸이 아파지는 것입니다. 꾀병은 아니지만, 심리적 원인으로 몸에 이상이 오는 것입니다. 몸이 아프면 상대방의 위로와 관심을 얻을 수 있기 때문이지요.

두 번째로 생각할 수 있는 것은 술이나 약물에 탐닉하는 것입니다. 또한 도박이나 게임 중독도 마찬가지일 수 있습니다. 자신을 파괴하는 줄 알면서도 술, 약물, 도박 등에 몰입한다는 것은 주변 사람에게 강한 감정을 표현하고 있는 것일 수 있습니다.

그것은 분노가 될 수도 있겠고 공포, 우울, 원망일 수도 있습니다. 스트레스를 심하게 받았을 때 몸을 가눌 수 없을 정도로 괴롭게 술을 마시는 것은 어린아이가 소리쳐 우는 것과 비슷해 보입니다.

세 번째는 될 대로 되라는 식으로 자포자기하는 것입니다. 이렇게 자포자기한 사람을 보면 주위 사람이 오히려 불안해지고 도와주려고 나서게 됩니다.

마지막으로 손목 긋기, 수면제 한 번에 먹기 등 실제 자해를 하는 것입니다. 이것은 다른 경우들보다 더 강하고 직접적으로 자신의 감정을 상대에게 전달합니다. 자해 행동은 상대로 하여금 내가 원하는 방향으로 행동하게 만들 수 있고, 나에게 관심을 갖게 할 수 있으며, 나아가 내 옆에 머물게도 할 수 있습니다.

이러한 자기 파괴적 감정 표현법들은 즉각적인 효과를 거두고 상대의 관심을 유발할 수 있습니다. 하지만 여러 차례 반복된다면 어떨까요?

아이의 경우에서 살펴보았듯이 자기 파괴적인 감정 표현이 계속 효과가 있기 위해서는 상대의 무조건적인 사랑이 있어야 합니다(이것은 대부분 쉽지 않습니다). 그렇지 않고서는 한두 번은 통하겠지만 결국 상대방은 그런 패턴에 지쳐서 떠나 버릴 가능성이 큽니다. 떠나지는 않더라도 이후에는 무관심하고 냉담해질 수 있습니다.

앞에서 본 현아 씨의 사례도 마찬가지입니다. 결국에는 그런 자해 행동 때문에 남자 친구가 떠나게 됩니다. 그러면 그를 잡기 위해 더욱 심한 자기 파괴적 행동을 해서 관심을 끌려고 하는 악순환을 반복합니다. 어릴 적 살기 위해서 궁여지책으로 택했던 자기 파괴적인 감정 표현이 성인에게서는 말 그대로 자기 파괴로 끝나게 되는 것입니다.

말로 감정을 표현하고 성숙한 관계 맺기

우리는 이렇게 비언어적이고 자기 파괴적인 감정 전달법을 성숙하게 바꾸어야 합니다. 자신의 감정을 언어로 표현하는 것이지요. 말로 감정을 표현하는 것이 성숙한 방법입니다. 말로 감정 표현을 잘하려면, 첫째, 자신의 감정이 어떤 것인가를 알고 그것을 구분해야 합니다(94쪽 '감정 하나만 잘 표현해도 다 해결된다' 참조). 이후 세세하게 구분된 자신의 감정을 상대에게 이야기하는 연습을 해야 합니다. '말로 감정을 표현해도 상대가 이해하고 따라 주는구나' 하는 경험을 쌓아 나가야 합니다. 앞에서 이야기한 일치형 대화법도 도움이 될 것입니다.

둘째, 눈에 보이진 않아도 항상 자신을 위해 주고 있는 사람의 이미지를 마음속에 확고히 심어 둘 필요가 있습니다. 내가 실수하거나 초라해져도 날 버리지 않고 항상 나를 위해 주는 내 편이 있다는 확신은 원초적인 유기 불안의 공포에서 벗어날 수 있게 해 줍니다. 내 안에 나를 위로해 주는 사람에 대한 표상을 만드는 것입니다.

우리에게는 설령 그동안 잊고 지냈더라도, 언젠가 내 편이 되어 줬던 사람, 내가 실수를 했지만 나를 용서해 줬던 사람, 나를 믿고 기다려 줬던 사람의 기억이 있습니다. 잘 떠올려 보세요. 그런 사람이 많지 않고 그런 경험의 횟수가 적어도 괜찮습니다. 그런 긍정적인 사람에 대한 기억을 강화시키는 작업을 하는 것입니다.

불현듯 밀려오는 불안에 대처하는 법

편한 의자에 몸과 마음을 이완시키고 앉습니다. 그런 뒤에 내 편이 되어 줬던 사람, 내가 어려울 때 도와줬던 사람, 또는 나를 도와줄 수 있을 것 같은 사람을 떠올려 봅니다. 바로 생각이 나지 않아도 괜찮습니다.

어떤 사람이 옆에 있으면 내가 안도감을 얻을까 곰곰이 생각해 보면, 누군가가 떠오를 것입니다. 누군가 떠올랐다면, 그다음에는 그 사람이 나를 위로해 줬던 기억, 그때 그의 표정이나 말투, 그에게 받은 나의 느낌을 기억해 봅니다. 그리고 나서 지금의 내 감정을 느껴 봅니다.

기억이어도 상관없습니다. 한두 가지 경우라도 찾아지면, 그때의 상황을 머릿속에 떠올립니다. 머릿속에 사진처럼 그려 보고 당시의 느낌을 떠올립니다. 오감을 동원하여 생생하게 떠올려 보세요. 그리고 상대의 얼굴을 가까이에서 바라본다고 생각합니다. 상대의 얼굴 표정, 말투, 행동에 집중합니다. 그에게 한 발짝 더 다가간다고 생각합니다. 그리고 그를 끌어안습니다. 그가 내 마음 안으로 들어오는 듯한 느낌을 느껴 봅니다. 이제 그가 내 마음속에 자리 잡고 있다고 생각합니다.

다음과 같이 정리하면 보다 쉽게 할 수 있습니다.

시행 날짜	누군가 나를 위로해 줬던 기억	상대의 특징, 표정, 말투	상대가 내 마음속에 함께 있다는 느낌 (0~100)	훈련을 마친 뒤의 느낌
10월 7일	여섯 살 때 외갓집에 놀러 갔다가 동네 아이들과 싸웠는데 외할머니가 무조건 내 편을 들어 주시면서 우는 나를 안아 주셨다.	나를 안아 주시면서 따뜻한 표정으로 웃어 주셨다. "괜찮아, 이제 괜찮아"라고 이야기해 주셨다.	할머니를 안고 있다는 생각을 했다. 내 마음속에 함께 있다는 느낌이 조금 더 확실해진다. 60점.	아련하기도 하고 그립다. 기분이 좋지만은 않다. 하지만 지금 힘든 내 모습도 할머니라면 응원해 주고 계실 것만 같다.
	여섯 살 때 외갓집에 갔던 기억을 다시 떠올렸다.	이번에도 나를 안아 주시면서 등을 쓰다듬어 주시던 때를 생각했다. 목이 쉰 듯한 목소리였다. "괜찮아, 이제 괜찮아."	아침에 했을 때와 비슷하다. 60점.	할머니가 보고 싶다. 아마 할머니도 내가 보고 싶겠지. 마치 나를 보고 계시는 것 같기도 하다.

이런 작업을 규칙적으로 하루에 1~2회 이상 꾸준히 해 나갑니다. 불안하고 불쾌한 감정이 느껴질 때, 내 안에 들어와 있

는 그 사람을 떠올립니다. 나를 위로해 주고 믿어 줬던 기억도 함께 떠올립니다. 불안한 마음이 한결 나아질 것입니다. 물론 한두 번 만에 좋아지지는 않습니다. 수개월에 걸쳐 꾸준한 노력과 연습이 필요합니다.

이런 과정을 통해 우리는 미숙한 감정 표현 방법을 벗어나 더욱 성숙한 감정 표현을 할 수 있고, 더욱 성숙한 인간관계를 맺어 나갈 수 있을 것입니다.

하나만
마음에 들지 않아도
아예 싫어지는 이유

· 이분법적 사고 ·

스티브 잡스는 애플사의 직원들을 평가할 때 천재 혹은 바보, 두 종류로 나누었다고 합니다. 어제까진 천재였더라도 잡스의 돌발 질문에 제대로 대답하지 못하면 오늘은 바보로 전락하는 일도 많았다고 합니다. 잡스가 어떤 의도를 가지고 그런 방식으로 직원들을 평가했는지는 알 수 없지만, 신문에서 이 이야기를 읽고 머릿속에 떠오른 사람이 있습니다.

혜련 씨, 그녀는 상냥한 미소를 가진 20대 중반의 여성입니다. 그녀가 나를 찾아온 이유는 남자 친구와의 관계가 오래가질 못한다는 것이었습니다. 그녀의 연애는 주로 첫눈에 반하는 것으로 시작합니다. 최근에 헤어진 남자 친구도 소개팅에서 한눈에 반했다고 합니다. 그의 모든 것이 좋았고 100퍼센트 자신에게 맞는 사람으로 느껴졌습니다. 그는 그녀에게 '최고'였습니다.

그렇게 열렬히 교제한 지 한 달 정도 되던 때였습니다. 그녀는 그에게 이별 통보를 했습니다. 문자를 보내면 바로바로 답을 하지 않고 전화를 자주 하지 않는다는 이유였습니다.

"저도 알아요. 그런 건 별거 아닐 수 있다는 걸요. 다른 것들은 다 좋으니까요. 하지만 저도 모르겠어요. 마음에 안 드는 부분이 생기면 그냥 그 사람이 다 싫어져요."

문제는 이와 비슷한 패턴이 항상 반복된다는 것이었습니다. 초반엔 정말 좋고 최고라고 평가하다가도, 사소한 일들로 인해 평가가 극단으로 바뀌었습니다. 어제는 최고였지만 오늘은 최악의 남자 친구가 되었습니다. 남자 친구뿐만이 아니었습니다. 그녀는 주위의 인물들도 좋은 사람 아니면 나쁜 사람, 두 종류로 나누어 생각하고 있었습니다. 물론 본인은 잘 인식하지 못했지만요.

정도의 차이는 있겠지만 이런 식의 흑백논리는 흔하게 발생합니다. 어제까지 친구라고 생각했다가도, 사소한 갈등으로 인해 오늘은 남보다도 못한 원수지간이 되는 경우도 많지 않습니까?

당신의 감정에는 당신만의 사연이 있다

천사 엄마와 악마 엄마

아이는 자신의 무력함과 엄마의 존재를 알게 된 이후로 엄마에 대한 의존성이 날로 커갑니다. 엄마는 내 편이며, 항상 날 위해 주고 내가 위험할 때면 언제든지 구해 준다는 믿음이 아이를 안심시켜 줍니다. 무력함과 생존에 대한 불안을 극복할 수 있는 건 이런 선한 엄마가 존재하기 때문입니다. 이런 천사 같은 엄마의 존재는 아이의 마음속에 표상으로 자리 잡게 됩니다. 이 선한 엄마의 표상으로부터 위로를 받고 안정을 찾습니다.

하지만 실제 엄마는 항상 천사의 모습을 하고 있지는 않습니다. 아이가 너무 칭얼거린다며 짜증을 내기도 하고 엉덩이를 때리기도 합니다. 계속 놀고 싶은데도 잘 시간이라며 불을 끄고 강제로 재우려 합니다. 큰 병에 안 걸리게 한다는 핑계로 어디론가 데려가 몸을 바늘로 찌르기도 합니다. 기저귀가 젖었는데도 몇 시간 동안 알아채지 못하고 아이를 힘들게 하기도 합니다.

이런 모습에 아이는 당황합니다. 혼란스러워집니다. 아이의 사고방식으로는 이런 행동들이 천사의 모습이라고는 생각하기 어렵습니다. 아이는 인간에겐 선한 면도 있고, 악한 면도 있다는 사실을 모릅니다. 선한 것은 언제나 선한 것이고, 악한 것은 그저 절대적으로 악한 것이라고 생각합니다. 그야말로 흑백논리 그 자체입니다.

아이는 고민 끝에 서로 다른 두 개의 엄마의 표상을 만듭니다. 하나는 완전히 선하고 본인이 원하는 대로 해 주는 천사 엄마이며, 다른 하나는 완전히 악한 악마의 모습을 한 엄마입니다. 마치 다른 두 사람이 존재하는 것처럼 아이의 마음속에 입력됩니다. 좋은 엄마와 나쁜 엄마가 있는 것이지요. 아이는 속으로 이렇게 느끼는 듯합니다.

'흥! 같은 얼굴로 다가와도 나는 다 알아, 두 명의 엄마가 있다는 걸. 지금 나에게 온 건 나쁜 엄마야!'

이런 마음의 작용을 심리학 용어로는 분열(splitting)이라고 합니다. 선한 엄마의 표상을 악으로부터 지키기 위해 사용하는 원시적 방어기제입니다.

이런 분열의 방식은 그저 엄마에게만 적용하는 것이 아닙니다. 아이는 본인의 마음에도 이런 잣대를 들이댑니다. 기분이 좋고 엄마를 사랑하는 마음이 들 때가 있고, 기분이 나쁘고 화가 나고 엄마가 미울 때도 있습니다. 아이는 자신에게 두 가지 모드가 있다고 해석합니다. 전자는 착한 아이 모드가 될 테고, 후자는 나쁜 아이 모드가 될 것입니다. 마치 본인이 지킬 박사와 하이드처럼 두 가지의 인격으로 구분되어, 경우에 따라 변한다고 생각합니다. 그래야 적어도 지킬 박사를 하이드에게서 보호할 수 있다고 생각하기 때문입니다. 자신의 본질은 지킬 박사라고 믿으며, 하이드 같은 모습은 진짜 자신이 아니라고 부정합니다.

그렇다면 이런 분열은 어떻게 극복될까요? 지킬 박사와 하이드는 화해를 해야 합니다. 선과 악이 하나의 존재로 통합돼야 하는 것입니다. 실은 같은 인격 안에 있는 요소일 뿐이며, 누구나 선한 면, 악한 면이 공존하고 있다는 걸 알아야 하는 것입니다.

엄마의 태도가 이런 화해를 가능하게 합니다. 아이 스스로 받아들일 수 없는 나쁜 면을 엄마는 이해하고 그저 받아들여 줍니다. 아이가 엄마에게 분노를 표현하며 울거나 떼를 쓸 때도, 엄마의 젖꼭지를 깨물며 엄마에 대한 미움을 표현할 때도 엄마는 받아들여 줍니다. 잠시 짜증을 낼 수도 있겠지만, 이내 곧 아이를 안아 주고 사랑해 줍니다. 아이는 자기의 나쁜 면까지 보듬어 주는 엄마를 느낍니다.

이런 엄마의 사랑을 접하며 비로소 아이도 자신의 악함을 받아들일 준비를 합니다. 자기가 갖고 있는 선함도 나쁜 감정도 자기를 구성하는 요소들이었다는 것을 알게 됩니다. 나쁜 생각을 하는 나도 착한 모습의 나도 실은 하나의 나임을 인정하고, 두 가지를 통합하고 조절하는 법을 터득해 갑니다.

이런 태도는 더욱 확장되어 마음속 나쁜 엄마와 착한 엄마도 통합시킵니다. 엄마가 나쁠 때도 있고 좋을 때도 있지만 그것 모두가 하나의 인격체라는 사실을 받아들입니다. 비로소 통합적인 인격을 가진 엄마의 표상이 마음속에 자리 잡습니다.

타인과 자신의 부정적인 면을 인정해야 한다

혜련 씨의 경우를 다시 생각해 볼까요? 우리는 그녀의 마음 안에서 원시적 사고방식이 작동하고 있는 것을 알 수 있습니다. 무의식 안에서 본인에게 잘해 주던 남자 친구와 잘못을 한 남자 친구를 통합하지 못하는 것이지요.

잘못을 한 남자 친구는 그저 전적으로 악한 존재입니다. 하이드의 표상이 작동하는 것입니다. 그저 몇 가지 실수를 하고 잘못을 한 남자 친구이지만 그녀의 마음속에서 그는 전적으로 나쁜 사람으로 인식된 것입니다. 얼마 전까지 100퍼센트 착하고 최고라고 평가하던 남자 친구가 어느 순간 최악의 인물로 바뀌어 버립니다. 그러고는 더 이상 그와 함께 있을 수 없다며 헤어지는 패턴이 반복됩니다.

이런 분열의 방식은 타인에게보다 자기 자신에게 적용될 때 더 큰 문제가 발생합니다. 유아가 자신의 악한 면을 부정했던

당신의 감정에는 당신만의 사연이 있다

것처럼, 본인의 나쁜 점이나 실수, 악한 감정을 받아들이지 못합니다. 그걸 인정하면 자신은 본질적으로 나쁜 사람이라는 걸 인정하는 것과 같게 느껴지기 때문입니다. 상대가 미워질 때도 그런 감정을 부정합니다. 그리고 상대에게 원인을 돌립니다.

"저 사람이 나를 괴롭히고 있어."

"저 사람이 나를 미워하니 나도 어쩔 수가 없어."

자신의 감정을 자기 탓이 아닌 어쩔 수 없는 일인 것처럼 남 탓을 합니다. 자신의 실수도 쿨하게 인정하기 어렵습니다.

"어쩔 수가 없었어요."

"그때 무슨 일이 생기는 바람에 그런 거예요."

이런 핑계는 남들만 속이는 것이 아닙니다. 자신의 지킬 박사를 지키기 위해 자신까지도 속이고 있는 핑계들입니다.

그러다가 어쩔 수 없이 내 마음속에 공격성, 미움, 나쁜 감정 등이 있음을 인정해야만 하는 상황이 옵니다. 실수가 전적으로 내 책임이라는 것을 인정해야 하는 순간도 옵니다. 이 순간, 하이드 모드가 작동합니다. 이제는 선한 마음을 가지고 있던 자신은 어디론가 사라집니다. 자신은 100퍼센트 악한 존재이고, 실수만 하는 존재이며, 세상에 도움이 되지 않는다고 느낍니다. 본인처럼 나쁜 사람은 없다고 생각하기도 합니다. 이런 상태에서는 자살이라는 극단적인 선택도 가능합니다.

이렇듯 흑백논리는 참으로 무섭습니다. 지킬 박사라는 온전히 선한 인물을 만들기 위해 하이드가 탄생했습니다. 하지만 우리의 실제 모습은 그런 것이 아닙니다. 기분이 좋을 때도 있고 나쁠 때도 있습니다. 선한 마음을 가질 때도 있고 미운 마음이 들 때도 있으며, 순간적으로 비도덕적이고 공격적인 생각이 들 수도 있습니다. 일을 잘할 때도 있지만 실수할 때도 있고 망칠 때도 있습니다.

이것이 바로 우리 인간입니다. 그것을 받아들이고 통합할 때 악한 마음을 조절할 수 있고, 내가 원하는 인간상에 다가갈 수 있는 가능성이 생깁니다.

이분법적 사고를 극복하는 연습

그렇다면 이런 이분법적인 사고를 극복하는 방법은 무엇일까요? 일단 본인이나 타인의 나쁜 점이나 좋은 점을 통합하여 하나의 인격으로 생각할 수 있어야 합니다. 칭찬과 혼냄을 잘 이용해야 합니다.

우리는 흔히 칭찬을 할 때나 잘못을 지적할 때 그 사람의 본질에 대고 하는 경우가 많습니다. 가령, 누군가 실수를 하면 "너는 왜 그러냐? 그 정도밖에 안 돼?"라고 하거나, 자신이 공부를 안 해서 시험에 떨어지면 "나는 원래 이 정도야. 나는 쓸모없어" 하는 식입니다. 또는 나쁜 생각이 들 때 "이런 생각을 하다니 나는 나쁜 놈이야"라고 자신의 본질을 평가해 버립니다. 이렇게 되면, 실수를 하거나 나쁜 감정이 들 때 자신의 본질 자체가 나쁜 것처럼 인식됩니다. 자기 전체로 결점이 확장되는 것입니다.

칭찬도 마찬가지입니다. 누군가 어떤 일을 잘 완수했을 때 "너는 원래 똑똑한 아이야"와 같이 본질에 해당하는 평가는 좋지 않습니다. 그런 평가는 '일을 잘 못하면 내 본질에 대한 평가가 달라질 것'이라는 두려움을 심어 놓기 때문입니다.

칭찬과 평가는 그 행위나 성과에 대해 하는 것이 좋습니다. 누군가 해야 할 일을 안했다면, '미리 약속한 대로 행동하지 않은 것이 잘못이야' 하고 말하는 것입니다. '이런 것도 제대로 해 놓지 못하고 넌 정말 구제불능이구나' 하는 식의 본질에 대한 비난은 안 됩니다. 자신에 대해서도 마찬가지입니다. 자신의 인격에 유죄 선고를 하지 마세요. 시험을 잘 봤을 때도 '나는 원래 머리가 좋고 능력 있다'보다는 '이번에 열심히 공부한 것이 좋았고 칭찬받을 만하다' 하는 식이 좋습니다.

이렇듯 일은 잘할 수도 있고 실수할 수도 있으나 그것은 본질이 아닌 그때그때의 행위일 뿐이며, 자신의 본질이나 인격은 언제나 같다는 것을 알아 가야 합니다. 본질은 선과 악으로 잘라 말할 수 없다는 것을 말이지요.

다음으로, 훌륭한 문학작품들을 많이 읽는 것이 좋습니다. 문학작품은 갖가지 감정을 가진 인간의 내면세계를 성찰합니다. 또한 한 인간의 마음 안에 존재하는 여러 감정들 간의 갈등을 보여 주고, 그것이 통합되고 완성되어 가는 과정도 보여 줍니다. 그런 인물들과 동일시하며 우리 마음에서도 통합적인 사고가 가능해질 것입니다.

또한 중요한 것은 나의 불쾌한 감정이나 이해할 수 없는 사고, 악한 마음 등도 받아들이고 나의 일부로 인정하는 것입니다. 무조건 억눌러 버리거나 부정해 버린 감정은 더 큰 재앙이 되어 나에게 돌아옵니다.

문득 내가 싫어질 때를 위한 무지개 사고법

어린아이가 엄마의 나쁜 점과 좋은 점을 분리시켜 생각하고 하나로 통합하기를 겁내는 이유는 선한 엄마가 악한 엄마에게 압도되어 버린다고 생각하기 때문입니다. 마치 맑은 흰 우유에 검은 잉크가 몇 방울만 떨어져도 흰 우유 전체가 검게 변하는 것처럼, 아이는 엄마의 나쁜 점과 좋은 점을 섞으면 좋은 점은 사라지고 나쁜 점만 남게 된다고 믿습니다. 즉, 선한 엄

당신의 감정에는 당신만의 사연이 있다

마의 이미지를 보호하고자 엄마의 나쁜 면을 통합하지 않는 것입니다.

하지만 우리의 마음을 검정과 흰색으로만 볼 필요는 없습니다. 하나의 특성을 빨강이라고 한다면 다른 특성은 파랑이라고 할 수 있습니다. 빨강과 파랑이 섞이면 보라색이라는 통합적인 색이 나타납니다. 이처럼 우리 안에는 여러 요소와 특징이 섞여 있습니다. 그것들이 모여 '나'라는 통합적인 존재를 만듭니다.

따라서 나를 이루고 있는 것들 중에는 좋은 점과 나쁜 점이 함께 있다는 사실을 인정하고 받아들여야 합니다. 그런 뒤에 내 강점은 더욱 발전시키고, 내가 싫어하는 면은 줄이고 조절할 수 있는 기회를 얻게 될 것입니다.

나의 나쁜 점만 크게 보일 때는 다음과 같은 말을 나에게 해 주세요.

- "내 안에는 여러 가지 특성들이 섞여 있다."
- "비록 내가 싫어하는 면이 나에게 보여도 그것을 부정하거나, 혹은 그것이 나의 전체인 것처럼 확대하지 않겠다."

감정 하나만
잘 표현해도
다 해결된다

· 감정을 이해하고 표현하는 법 ·

자신의 마음을 하나로 통합한 아이는 여러 가지 감정을 이해하고 인정하며 표현하게 됩니다. 이 과정에 대해 살펴봄으로써 성인이 된 이후에 내 감정을 이해하고 표현하는 방법을 배워 보려 합니다.

태어난 지 얼마 안 된 아기는 감정이 다양하지 않습니다. 아마도 유쾌, 불쾌 두 가지, 많아봐야 서너 가지로 자신의 모든 감정을 인식할 것입니다. 즉, 갓난아기에게는 분노, 슬픔, 두려움 등이 그냥 뭉뚱그려서 불쾌라는 감정 덩어리로 인식되는 것입니다.

그러나 실제 우리가 느끼는 감정은 수많은 조각들로 나뉠 수 있습니다. 슬픔, 불안, 분노, 기쁨, 억울함, 서러움, 짜증, 화, 답답함, 상쾌함, 공포, 두려움, 공허함, 외로움 등등. 그렇다면 이 세세한 감정들을 우리는 어떻게 구분하고 느끼는 것일까요?

세분화·언어화하면 감정을 잘 다룰 수 있다

두루뭉술하게 두세 가지 정도로 나뉘어 있던 감정이 세분화되는 것은 엄마를 보며 이루어진 학습, 모방과 더불어 언어의 습득으로 인해 가능해집니다. 처음에는 그냥 '불쾌하다'라고 생각했던 감정들이 미세하게 다른 점이 있다는 걸 알아 감과 동시에 '슬픔', '분노', '두려움' 등등의 단어를 익히면서 본인의 감정들에 알맞은 이름을 붙이게 되는 것입니다.

또한 상황에 따라 부모가 나타내는 감정, 행동, 언어, 표정 등을 보며 감정과 그 표현법을 익히거나, 부모가 읽어 주는 동화 등을 들으며 감정 이입을 통해 감정을 세분화합니다. "이때 신데렐라는 참 억울하고 슬펐겠지?" 하는 식의 이야기를 통해 이루어지는 엄마의 교육이 감정을 세분화하고 이해하는 데 도움이 되는 것입니다. 육아에서 '부모의 아이 감정 읽어 주기'가 그래서 중요한 것입니다.

아이는 자신의 감정이 무엇인지 잘 모를 때가 있습니다. 어떤 상황에서 부모가 "아들아, 너는 지금 친구에게 인정받지 못해서 서운하고 속상하겠구나" 하고 아이의 감정을 읽어 주면, 아이는 자신이 가진 불쾌한 감정의 정체를 이해하고 구체화해서 다룰 수 있는 능력을 얻게 되는 것입니다. 여기에서 또 하나 알 수 있는 것은 바로 언어가 자신의 감정을 인식하는 중요한 도구라는 점입니다.

태어나서 느끼는 세분화되지 않은 불쾌한 감정 덩어리는 큰 공포를 줍니다. 그것은 아기에게 생존과 관련된 것으로 받아들여지기 때문입니다. 아기가 느끼는 배고픔, 불안함은 '죽을지도 모른다'라는 원초적인 공포와 연관되어 있습니다.

언어를 배우고, 자신의 감정을 세분화하면서 아이는 그런 공포를 극복합니다. 슬픈 감정에 대해서 '이건 슬픔이야'라고 마음속으로 생각하며 규정할 때, 그것은 이미 생존 문제와는 동떨어진 것임을 스스로에게 알려 주는 것입니다. 또한 그렇게 자신의 감정을 언어화하는 것은 너무나 추상적인 감정이라는 존재를 마음속에서 구체화하고 조절 가능한 존재로 다룰 힘을 얻게 되는 것입니다. 즉, 본인의 감정을 세분화하고 이름을 붙일 수 있어야 슬픔에는 슬픔에 맞는 행동을, 불안에는 불안에 맞는 행동을, 기쁨에는 기쁨에 맞는 행동을 할 수 있게 됩니다.

자신이 느끼는 감정에 대해 잘 인식하고, 종류를 세분화하고 언어화할 수 있다면, 우리는 감정을 잘 다룰 수 있는 기회를 얻게 됩니다.

억눌린 감정은 사라지지 않는다

이제 우리는 감정의 종류를 세분화하는 것이 태어날 때부터 저절로 되는 것이 아니라 학습과 언어화를 통해서 가능하다는 것을 알았습니다. 그런데 우리 주변에는 자신의 감정에 대해 세분화, 언어화를 잘 못하는 사람들이 생각보다 많습니다.

감정이 세분화되지 않으면 많은 문제들을 야기하게 됩니다. 가장 흔히 겪는 문제는 불쾌한 감정 덩어리가 너무도 강력하게 느껴져 그 감정을 무작정 억누르고 표면으로 올라오지 않게 애쓰며, 약간의 불쾌한 감정이 생겨도 심하게 불안해하고 안절부절못하는 것입니다.

이렇게 인식되지 못하고 억눌러 버린 감정은 그대로 사라지지 않습니다. 결국은 여러 가지 변형된 형태로 표출되지요. 가장 흔한 것이 신체적 증상(애매한 통증, 두통, 피곤함, 소화불량 등등)으로 나타나는 것입니다. 우리가 흔히 이야기하는 신경성 질환으로 발전할 가능성이 있습니다.

또 안으로 쌓아 놨던 감정은 어느 순간 한꺼번에 폭발하기도 합니다. 본인도 왜 그렇게 화를 냈는지 이유를 알 수 없는 분노 폭발, 과격한 행동 등의 이면에는 표면화되지 못한 감정들의 영향이 있는 것이지요.

세분화되지 못한 불쾌한 감정들은 적절하지 못한 반응들을 만들어 내기도 합니다. 슬픈 상황인데도 크게 화를 낸다든지, 화를 내야 하는 상황인데도 슬퍼하며 자살 사고를 보인다든지 하는 것입니다. 예전 제 환자 중에 자신이 잘못한 상황, 미안한 상황이 되면 오히려 주변 사람들에게 심하게 화를 내던 남자 분이 생각납니다.

어느 날 아들이 교통사고로 다쳤는데, 그는 "괜찮아?"라며 걱정해 주기보다 먼저 "이 문제만 일으키는 놈아!"라며 심하게 화를 냈습니다. 나중에 면담 치료를 하며 알게 된 것이지만, 실제로 그가 가지고 있던 감정은 아버지로서 아들을 지켜 주지 못한 미안함과 아들에 대한 안쓰러움이었습니다.

하지만 그런 감정은 세분화되지 못했고, 불쾌한 감정이 들 때는 화를 내는 습관이 있던 그는 그 상황에서도 아들에게 화를 내게 되었던 것입니다. 즉, 그는 이기적이고 인정 없는 사람이었다기보다는 미안함, 죄책감과 분노라는 감정을 잘 구분하지 못한 것이지요.

당신의 감정에는 당신만의 사연이 있다

내 감정을 읽는 연습

　언어는 사물을 직접 바꿀 수는 없지만 우리의 마음 상태를 마법과 같이 바꿀 수 있는 힘이 있습니다. 따라서 자신의 감정을 읽고 언어화하는 것은 감정을 조절하는 데 매우 중요합니다.

　감정을 억눌러 오던 분, 화병에 해당하는 신체 증상을 가지고 있는 분, 경우에 맞지 않게 심한 우울증, 불안감을 느끼는 분, 자신의 감정에 대해 무작정 두려움을 갖는 분, 갑자기 폭발해 버리는 분노를 가진 분. 이런 분들은 반드시 자신의 감정 읽기를 다시 해 나가야 합니다. 상황에 따라 느껴지는 애매한 불쾌함을 이건 '슬픔'이란 것이구나, 또는 이건 '억울함'이구나, 이런 식으로 언어화해 나가야 합니다. 드라마나 영화를 보면서 주인공이 저 상황에서 느꼈을 감정을 생각해 보는 것도 좋습니다. 감정을 쪼개고 나누는 연습을 하는 겁니다.

　또한 훌륭한 문학작품은 인간의 감정을 이해하고, 파악하며, 자신의 감정을 통합하고, 구분하는 데 교과서가 될 수 있습니다. 인간의 내면에 대한 성찰과, 여러 가지 굴곡의 삶을 사는 사람들의 이야기를 읽으세요. 문학작품이 감정 읽기에 큰 도움이 될 것입니다.

　감정 일기를 쓰는 것도 좋은 방법입니다. 처음에는 그저 화남, 불쾌, 기쁨 정도의 종류로만 나누어서 하루에 있었던 일과 그에 해당하는 감정을 적어 보세요. 그리고 그 옆에 점수를 매기는 겁니다. 감정의 정도가 가장 심했다면 10점, 아주 약한 정도의 감정이었다면 1점으로 매깁니다.

이런 식으로 매일매일 감정을 써 보고 점수를 매겨 가다 보면, 본인의 감정에 관심을 갖게 되고, 감정마다 미세하게 다른 점들이 있음을 발견하게 될 것입니다. 더불어 어떤 때 어떤 감정들이 드는지 알 수 있고, 감정 조절의 힌트들을 얻을 수 있을 것입니다.

일기를 쓴 직후에는 편한 자세로 그날 쓴 일기를 보며 그 감정을 다시 느껴 봅니다. 그때의 상황을 오감을 동원하여 생생하게 떠올려 봅니다. 다시 그 감정을 느껴 보고, 마음을 그저 흐르는 대로 놓아두세요. 마음이 과거의 기억으로 흘러가게 놓아두세요. 그리고 비슷한 감정을 느낀 과거 기억들을 찾아내 봅니다. 이런 식으로 어떤 감정에 대해 본인이 느꼈던 비슷한 기억들을 묶어 봅니다. 감정에 대해 보다 깊은 이해와 구분이 가능할 것입니다.

쉽지 않은 연습들입니다. 하지만 분명히 가능합니다. 그래서 본인의 감정을 세세하게 구분할 수 있다면, 다음으로 해야하는 작업은 그것을 말로 해 보는 것입니다. 감정에 이름을 붙이는 순간 그 감정은 언어화된 것이며, 그 언어를 말로 내뱉는 순간, 큰 변화가 생깁니다.

어떤 상황에서 내가 너무 억울하고 슬프다면 이런 식으로 이야기해 보세요. 자신의 이름을 부르고 자신의 감정을 언어화하는 것입니다.

- "○○아(야), 네가 지금 너무 억울하고 슬프구나."
- "○○아(야), 네가 지금 참 억울하고 슬프구나."
- "○○아(야), 네가 지금 억울하고 슬프구나."

이렇게 작은 소리로(주위에 사람이 없다면 큰 소리로 하면 더 좋습니다) 이야기를 반복하다 보면, 내 감정이 보다 객관화되고 감정에 휩싸인 충동적인 행동을 막을 수 있습니다. 그리고 무엇보다 위로받은 듯한 기분을 느끼게 될 것입니다. 우리는 어렸을 때 부모님이 내 감정을 읽어 줄 때 크나큰 위로를 얻었음을 알고 있습니다.

비록 주위에 부모님같이 내 감정을 알아주는 사람이 없어도 너무 낙담하진 마세요. 언어란 참 신기해서 내가 나에게 내 감정을 말로 들려줄 때도 위안을 얻게 되기 때문입니다.

자신을 위로하는 감정 일기

감정 일기를 쓰는 것은 내 감정을 이해하는 데 아주 유용한 방법입니다. 오늘 있었던 일을 떠올리고 다음과 같이 적어 보세요. 내 감정을 써 보는 것만으로도 기분이 한결 나아지는 것을 느끼실 겁니다.

날짜 ○○○○년 ○○월 ○○일	
오늘 있었던 일	내 생일인데, 식구들이 그걸 알고 있지 않았다. 아침에 일어났을 때 내심 미역국이 끓여져 있기를 기대했는데…. 더 이상은 신경 쓰지 말아야지 하면서 출근하려고 세수를 하는데 나도 모르게 눈물이 났다.
그때의 감정	슬픔?
감정의 정도(1~10)	8
비슷한 감정을 느꼈던 기억	가만히 아침의 기억에 집중하니 예전 기억이 하나 떠오른다. 나도 형처럼 시험을 잘 봤다고 생각해서 칭찬을 기대했는데 시큰둥한 표정을 지으시던 부모님의 모습.
이전의 기억과 오늘 상황의 공통점	식구들이 나에게 신경 써 주고 축하해 주기를 바랐는데 외면당한 상황.
오늘 느낀 감정을 조금 더 세분화해 보면?	단순한 슬픔이라기보다는 초라함과 억울함인 것 같다. 나도 열심히 하는데 형과 다르게 취급받는다는 억울함이라고 볼 수 있을 것 같다.

당신의 감정에는 당신만의 사연이 있다

양가감정에 대한 이야기

인간에게는 두 가지의 근본적인 욕구가 있습니다. 첫째, 삶의 욕망과, 둘째, 죽음의 욕망입니다. 삶의 욕망은 흔히 쾌락의 욕망, 성적 욕망으로 표현됩니다. 다른 사람과 하나가 되고 싶고, 뭉치고 융합하여 더 큰 자아가 되고 싶어 하는 욕망입니다. 흩어진 것에 질서를 부여하고, 화합해 거대해지고, 영원한 삶을 바라는 이 욕망이 바로 문명을 일으키는 원동력입니다.

반면에 죽음의 욕망은 천대받고 외면당합니다. 죽고 싶어 하고, 고통받고 싶어 하며, 해체되어 소멸되고자 하는 욕망. 문명을 파괴하고, 유에서 무로 돌아가고 싶은 욕망 등입니다. 단순하게 죽음의 본능 대신 파괴의 본능이나 공격성이라고도 할 수 있습니다.

전 세계적으로 유명한 천문학자 칼 세이건(Carl Sagan)은 "지구에 찾아올 정도의 문명을 가진 외계인이 있다면 그들은 평

화를 사랑할 수밖에 없습니다. 왜냐하면 문명이라는 것은 무에서 유를 만드는 것, 즉 화합과 질서의 산물이니까요. 공격성과 분열을 잠재우고 평화와 화합을 드높인 생명체만이 시공간을 여행할 정도의 문명을 이룰 수 있어요."라고 말했습니다.

그의 말대로 고도의 문명 또는 유토피아를 만들기 위해서는 삶의 욕구, 즉 사랑의 본능을 키우고, 죽음의 본능인 공격성을 제거해야 합니다. 그런데 이것이 쉽지 않은 이유가 바로 양가감정에 있습니다. 사랑과 미움(공격성)은 같이 있는 경우가 많기 때문입니다.

소위 말하는 애증을 생각해 보면 사랑에서 미움만 딱 갈라놓기가 쉽지 않다는 것을 알 수 있습니다. 사랑하기도 하고 공격하고도 싶은 양가감정을 가지는 경우가 대부분이지요. 하지만 사랑하는 감정은 어떻게든 더 키우고, 미운 감정은 표현하고 해소해서 없애야 합니다.

지그문트 프로이트(Sigmund Freud)는 어떤 사람을 사랑할수록 그 사람이 내 기대에 못 미칠 때 미움도 같이 커지므로, 사랑과 증오는 비례해서 커진다고 보았습니다. 자신에게 중요한 사람일수록 그 사람에게 기대하는 바가 크고, 그것이 거절되면 상처도 크게 얻기 때문입니다.

다만 이 두 감정은 서로 다른 감정이고, 구분할 수 있다고도 보았습니다. 예를 들어, 어머니를 사랑하면서도 어머니를 증

당신의 감정에는 당신만의 사연이 있다

오하는 마음이 있음을 본인이 스스로 인식하고 고백하면 치유될 수 있다고 본 것입니다.

하지만 이후 프로이트는 여러 가지 난관에 봉착합니다. '정말 사랑과 미움이 본질적으로 다른 것인가? 이 둘을 구분할 수 있는 것인가?' 하는 문제였지요. 갓난아이는 엄마를 절대적으로 의지하고 사랑합니다. 흔히 심리학에서는 아이가 엄마의 젖을 빠는 그 순간을 엄마와 하나가 되고, 사랑의 욕구와 화합의 욕구가 실현되는 절정의 순간으로 봅니다.

그런데 무언가 이상합니다. 사실 아이가 엄마의 젖을 빠는 그 순간은 엄마를 공격하고 있는 순간이기도 합니다. 아이가 젖을 심하게 빨거나 물어서 엄마가 난감해지는 경우는 너무나 흔한 일이기 때문입니다. 또, 멜라니 클라인(Melanie Klein) 학파에 따르면, 아이는 엄마의 젖을 빨며 하나가 되는 사랑을 느끼는 동시에 엄마에게 삼켜져 없어지지 않을까 하는 공포를 느낀다고도 합니다.

폐소공포증과 광장공포증이 함께 오는 이유

불안증을 치료하다 보면 폐소공포증과 광장공포증을 동시에 겪는 분들이 많습니다. 폐소공포증은 밖으로 나갈 수 없는 곳에 갇혔을 때 일어나는 공포를 이야기하고, 광장공포증은 사방이 탁 트인 곳에서 느끼는 공포를 이야기합니다. 이렇게 보면 이 둘은 완전히 반대의 증상입니다.

그런데 이 둘은 증상이 동반되는 경우가 많고, 광장공포증 이라고 할 때 폐소공포증까지 포함하는 경우도 많습니다. 둘 의 공통점은 즉시 도움을 받을 수 없다는 데 있습니다. 그래서 갑자기 죽을 듯한 증상이 발생하는 공황장애에서 광장공포증, 폐소공포증이 동시에 오는 경우가 많은 것입니다.

우리가 느끼는 현재의 불안은 '재경험'이라는 말이 있습니 다. 예전에 느꼈던 불안을 비슷한 상황이 될 때 다시 반복해서 느낀다는 것이지요. 그렇다면 불안의 원형은 무엇일까요?

우리가 느끼는 불안의 원형 중 첫 번째는 엄마와 내가 완전 히 하나가 되어 내 존재가 엄마에게 잡아먹힐 것 같은 불안, 즉 자신의 자유가 없어지고 상대의 몸 안으로 흡수될 것 같은 불안입니다. 그리고 두 번째는 엄마와 완전히 떨어져서 혼자 남을 것 같은 유기 불안입니다.

다시 말해, 폐소공포증은 엄마에게 흡수되어 옴짝달싹 못할 것 같은 불안의 표현이며, 광장공포증은 엄마에게 유기되어 혼자 버려질 것에 대한 공포의 표현이라고 볼 수 있지요.

즉, 폐소공포증과 광장공포증은 둘 다 원초적인 불안을 대표 한다고 할 수 있습니다. 이제 왜 폐소공포증과 광장공포증이

당신의 감정에는 당신만의 사연이 있다

함께 다니는지 알 수 있겠지요? 어느 한쪽을 선택할 수 없이 둘 모두의 공포를 느껴야만 하는 딱한 우리의 모습이 그 안에 있습니다.

문제는 모든 것을 타인에게 맞출 때 생긴다

우리의 감정은 하나로 존재하는 경우가 드뭅니다. 선한 행동이지만 그 뒤에 공격성을 포함하고 있는 경우가 많지요. 이를 양가감정이라고 부릅니다. 서로 반대되는 감정이 교묘하게 결합된 것인데, 하나는 바로 인식이 되지만 그 반대에 있는 감정은 자신도 모르게 무의식에 숨은 경우들이 있습니다.

이것이 잘 나타나는 경우가 강박성 성격입니다. 강박증 환자들은 스스로가 무의식적으로 자신의 공격성을 억압하는 주체입니다. 끊임없이 무언가를 확인하거나 청결을 유지하려는 행동도 자신 내부의 무의식적인 공격성을 묶어 두려는 행동입니다. 하지만 그들의 행동을 보면 공격성은 완전히 감춰지지 않고 은근히 드러납니다.

좋은 대학에 가길 바라는 아버지의 기대에 맞추기 위해 교과서 속 글자 하나까지 완벽하게 외우려던 재우 씨는 결국 시험 범위의 반도 공부하지 못하고 시험을 봐야 했습니다. 아버지의 기대를 만족시키기 위해 최선을 다했지만, 그 결과로 나온 낙제 점수는 그의 무의식적인 공격성을 보여 줍니다.

먼지가 잔뜩 붙은 옷을 입고 온 민재 씨는 자리에 앉자마자 "옷을 깨끗이 입고 오지 못해 죄송하다"라고 말했습니다. 그리곤 부끄럽다는 듯 옷을 털었습니다. 의사 앞에서 예의를 갖추고자 한 그의 행동은 진료실에 먼지를 잔뜩 떨어뜨렸지요. 그가 떠난 뒤 남은 먼지는 의사를 향한 민재 씨의 분노입니다.

얼마 전 이런 글을 봤습니다. 장애인 구역에 주차한 차들을 찾아서 수백 건을 신고했다고 자랑하는 글이었습니다. 그는 매일매일 일부러 건물들을 돌아다니면서 장애인 주차 구역에 불법 주차한 차를 찾아냅니다. 그 밑에는 그의 행동을 응원하는 수많은 댓글이 달렸습니다. 장애인의 권위를 지키기 위한 그의 행동은 분명 선한 것입니다. 하지만 그의 행동 이면에 도사린 분노를 느낄 수 있었습니다.

그의 행동은 사회에 필요하고 중요한 행동입니다. 다만, 진정으로 장애인의 권익과 인권을 위함이었다면 타인의 잘못을 찾아 비판하기 전에 스스로 장애인을 돕고 지원하는 방법을 찾는 데 우선순위를 두었어야 했습니다.

우리가 정의와 선이라고 강하게 믿는 행동일수록 생각해 볼 여지가 생깁니다. 그 안에는 오히려 미움, 열등감, 분노가 있

당신의 감정에는 당신만의 사연이 있다

을 가능성이 있습니다. 자기 자신보다 타인을 먼저 의식할 때 마음은 양가감정이라는 함정에 빠집니다. 내가 하고 싶은 것, 내가 돕고 싶은 것, 스스로 좋은 일을 하는 것이 우선입니다.

남의 기대에만 맞추려고 할 때, 상대에게 잘 보이는 것을 스스로의 가치로 삼을 때, 규칙을 지키지 않고 잘나가는 사람들을 부러워하고 피해의식을 느낄 때 공격성은 그 모습을 감추고 우리에게 나타납니다. 그렇게 발휘되는 행동은 알 수 없는 죄책감을 남깁니다. 남을 신경쓰지 않을 수는 없지만, 한 개인으로서의 나 자신을 더 중요하게 여겨야 합니다.

Chapter 3

"왜 내 마음이 내 것 같지 않을까?"

합리적이고 현실적인 사고방식 쌓기

2~6세 아이의 마음속에는 규칙에 대한 개념이 나타나기 시작합니다. 이제는 더 이상 자신이 하고 싶은 대로 다 할 수 없다는 것을 알게 되며 자신의 자유를 제약하는 사람들과 갈등을 빚기도 합니다. 이 과정에서 도덕성, 양심 등이 나타납니다. 이런 과정들이 일어나는 시기가 전조작기, 항문기, 오이디푸스 시기입니다. 이 장에서는 이런 시기의 흔적들이 성인이 된 현재 어떤 모습으로 나타날 수 있는지 알아봅니다.

결과가 나빠도
자신을
칭찬해야 하는 이유

· 전조작기의 사고 특성 ·

민지는 엄마를 도와주려고 설거지를 하다가 그만 실수로 그릇 10개를 깼습니다. 현수는 엄마에게 반항하려는 마음으로 고의로 그릇 1개를 깼습니다. 자, 이 중 도덕적으로 더 나쁜 사람은 누구인가요? 더 비난받아야 하는 사람은 누구일까요?

우리는 어떤 행동이 도덕적인지 아닌지를 판단할 때, 그 사람이 가졌던 의도를 중요시합니다. 범죄에 대한 판결도 마찬가지입니다. 고의성이 있는 것과 실수 또는 우연으로 일어나버린 사고는 다르게 처벌합니다. 실제의 결과보다는 주관적인 고의성을 중요시하는 것입니다. 강도가 사람을 칼로 찔러서 죽인 것과, 의사가 수술을 하다가 어쩔 수 없는 상황으로 인해 환자가 죽은 것을 같게 볼 수는 없습니다. 돈을 뺏기 위해 아이를 구타하는 것과, 아이가 잘못했을 때 부모가 훈육을 위해 매를 드는 것을 같게 볼 수는 없습니다.

앞서 질문에 대부분은 현수가 더 잘못했다고 판단했을 것입니다. 민지에게는 "누구나 실수를 할 수 있다. 악의는 없었으니 다음부턴 잘하면 된다"고 말해 줄 것입니다. 하지만 우리 주위에는 주관적인 의도와는 관계없이 결과만으로 잘잘못을 판단하는 경우도 많습니다. 또한 자신에게 그런 기준을 적용하는 경우도 흔합니다. 이를 테면 앞의 예에서 실수로 그릇을 깬 민지가 죄책감으로 심하게 고통을 받는다든지, 반대로 현수가 "그저 그릇 하나일 뿐인데 뭘" 하며 피해가 적으면 도덕적으로도 문제가 되지 않는 것으로 판단하는 것입니다.

결과가 중요한가, 의도가 중요한가

어느 누구나 2~7세의 기간 동안 갖고 있는 특징적인 사고방식이 있습니다. 이런 2~7세의 독특한 사고방식을 발견한 피아제는 이 시기를 전조작기라고 명명했습니다. 그는 전조작기의 아이들에게 다음과 같은 두 가지 예를 제시했습니다.

- 어거스터스라는 소년은 우연히 아버지의 잉크병이 비어 있는 것을 알게 되었고, 아버지를 도와주고 싶은 마음에 잉크병을 채워 놓으려 하다가 실수로 잉크병을 떨어뜨렸다. 그로 인해 식탁보에 큰 얼룩이 생겼다.
- 줄리앙이라는 소년은 아버지가 잉크병을 만지지 말라고 했지만, 아버지가 외출 중일 때 잉크병을 가지고 놀면 재미있을 거라고 생각했다. 그는 먼저 펜을 가지고 놀다가 잉크를 떨어뜨렸다. 식탁보에 작은 얼룩이 생겼다.

그리고 아이들에게 누가 더 잘못한 것인지 물어보았습니다. 전조작기의 아이들은 어거스터스가 더 잘못한 것이라고 했습니다. 아이들은 아버지를 돕기 위해 한 행동인 것은 잘 이해했지만, 어거스터스가 결과적으로 더 큰 피해를 주었으므로 더 잘못을 한 것으로 생각했습니다. 이것을 피아제는 '도덕적 사실주의'라고 했습니다. 도덕적인 책임을 다룰 때, 주관적인 의도보다는 결과인 사실을 중요시한다는 의미입니다.

전조작기의 아이들은 어떤 면에서 보면 원칙적으로 매우 도덕적입니다. 가령 누구에게도 걸리지 않은 잘못을 해도 반드시 처벌받을 것이라는 믿음이 있습니다. 부모가 알려 준 규칙이라 해도 상황에 따라서는 지켜지지 않을 수도 있고 바뀔 수도 있다는 것을 알지 못하고, 그야말로 신성불가침의 절대적인 규칙으로 받아들입니다. 그 규칙이 생긴 이유나 목적을 잘 이해하지 못합니다. 절대 강자인 부모가 알려준 규칙이니 무조건 어기면 안 된다는 생각이 강합니다. 가령 '그릇을 깨면 안 된다'라는 규칙을 절대시하므로 의도와 관계없이 그릇을 많이 깬 사람이 잘못했다고 보는 것입니다.

또한 전조작기 아이들은 자기중심적입니다. 상대방의 입장을 이해하거나 입장을 바꾸어 생각하는 것을 잘 하지 못합니다. 이것은 '거짓말이 나쁘다'라는 것을 정확히 이해하지 못하는 것과 연결됩니다. 자기중심적이며 자신과 다른 관점은 이해할 수 없으므로, 자신의 거짓말이 다른 사람을 속이고 기만한다는 것에 대해 잘 모릅니다. 이런 특징은 도덕적 사실주의에도 영향을 미칩니다. 거짓말을 해도 결과가 괜찮다면, 도덕적으로 죄책감을 갖지 않는 것입니다.

피아제는 전조작기의 또 다른 특성도 발견했습니다. 개를 보고 크게 놀라서 엄마에게 개가 소만큼 크다고 한 아이가 있습니다. 또 다른 아이는 자신의 학교 성적에 대해 고의로 엄마를 속였습니다. 이 두 아이 중 누가 더 잘못했는가라는 질문에 아이들은 전자의 아이라고 대답했습니다. 즉, 개가 소만큼 크다고 한 아이가 더 큰 잘못을 했다고 여긴 것입니다.

피아제는 이것도 도덕적 사실주의에 입각한 것으로 해석했습니다. 속이려는 의도와는 관계없이 사건이 일어날 가능성이 거짓말의 정도를 판단하는 단서였습니다. 즉, 개가 소만큼 커지는 것은 시험 성적을 잘 받는 것보다 훨씬 희박한 일이므로 더 큰 거짓말을 한 것이라고 판단한 것입니다.

도덕적 상대주의가 필요한 이유

정리하면, 도덕적 사실주의는 전조작기 아이들이 갖는 특성이며 의도보다는 결과를 통해 도덕적인 잘못을 판단하는 것입니다. 가능성이 희박한 일에 대해 거짓말을 하거나 가능성이 희박한 일이 결과로 발생했을 때 더 큰 잘못으로 여깁니다. 이러한 도덕적 사실주의는 아이가 학교를 가게 되어 대인 관계가 넓어지고 사회화가 되어 가면서 '도덕적 상대주의'로 바뀌어 갑니다.

도덕적 상대주의란 결과만을 중요시하는 것이 아닌 주관적인 의도를 더 중요시하는 것입니다. 도덕적 상대주의로의 변화는 규칙이란 절대적인 것이 아니며 상황에 따라 바뀔 수 있음을 알게 되고, 아무리 조심을 한다고 해도 간혹 실수로 안 좋은 결과들이 일어날 수 있음을 인정하면서 시작됩니다. 자신의 마음뿐만 아니라 상대의 마음을 고려하고 존중하는 것이 중요함을 알게 되고, 친구와 상호 협력을 해 나가는 과정에서 단순한 행위의 결과보다도 선한 의도와 마음이 서로를 믿게 만들고 사회를 발전시킨다는 걸 알게 되는 것이지요.

좋은 의도였으나 때때로 생기는 안 좋은 결과의 크기로만 잘잘못을 판단한다면, 어느 누구도 위험을 안고 선한 행동을 하려 하지 않을 것입니다. 가령 앞서 소개한 어거스터스는 아버지를 돕고 싶은 마음이 있어도 실수할까 봐 아무 행동도 하지 않을 것입니다. 의사는 조금이라도 사망할 가능성이 있는 환자라면 수술하지 않으려 할 것입니다. 아무리 교통질서를 잘 지켜도 생길 수 있는 불운한 사고에도 도덕적인 비난을 받아야 하므로 자동차를 운전하기도 쉽지 않을 것입니다.

또는 반대로 생각하면, 의도야 어쨌건 결과만 괜찮으면 되므로 교통신호를 지키지 않을지도 모릅니다. 사람을 죽이려고 칼을 휘둘렀으나 상대가 다치지 않았다면 별일 아닌 일이 되겠지요.

정말 이렇게 된다면 너무도 혼란스러운 사회가 될 것입니다. 그래서 도덕적 사실주의가 아닌 의도를 중요시하는 도덕적 상대주의가 필요합니다. 물론 결과는 중요합니다. 하지만 성숙한 사회나 개인은 도덕적인 판단을 할 때, 그 의도도 결과 못지않게 중요시합니다. 판단을 할 수 없는 심신박약자가 일으킨 범죄는 처벌하지 않는 법의 원칙도 그런 사회적 합의를 반영합니다.

당신의 감정에는 당신만의 사연이 있다

의도 대신 결과만으로 판단하는 사회

얼마 전 신경외과 의사인 친구가 찾아왔습니다. 그 친구는 최근 너무 우울하고 죄책감이 심하다며 도움을 원했습니다.

"얼마 전에 수술하던 도중에 환자가 죽었어."

수술 중에 죽은 환자가 밤마다 떠올라 힘들고 잠을 한숨도 못 자겠다는 것이 주된 증상이었습니다. 자신의 잘못으로 환자가 죽은 것 같다며 자신을 심하게 자책했습니다. 이것저것 물어보았더니 그가 실수를 하거나 처치를 잘못한 것은 아니었습니다. 그런데도 그는 심정적으로 모든 것이 자신의 책임인 것 같은 기분이 든다고 했습니다.

신경외과 수술 과정에서는 환자가 수술 도중에 사망하는 일이 간혹 있습니다. 그에게도 그런 일이 처음은 아니었습니다. 이전에도 그는 수술 중에 환자가 사망하는 일이 생겼을 때엔 과도하게 자책하며 괴로워하곤 했습니다. 급기야 이대로는 더 이상 의사를 못하겠다는 생각이 들어 저를 찾아왔다고 했습니다.

친구는 큰 스트레스로 인한 우울 증상을 보이고 있었습니다. 또한 그의 죄책감은 과도한 면이 많았습니다. 우선 환자의 사망은 그가 어쩔 수 있는 상황이 아니었습니다. 수술을 안 하면 사망할 수밖에 없는 환자들이었고, 마지막 희망으로 수술을 하다가 일어난 일들이었습니다. 오히려 그가 수술을 해서 구사일생으로 살아난 환자가 훨씬 많았습니다.

하지만 그의 마음 안의 도덕 체계는 가혹했습니다. 의도와 관계없이 벌어진 결과 자체로 자신의 행동을 판단했습니다. 어릴 적 도덕적 사실주의가 마음에 다시 자리 잡고 있었습니다. 더욱이 죽음이라는 희박한 일의 발생은 도덕적인 죄책감을 더 크게 만들었습니다.

우리 주위에도 정도는 다를지 몰라도 비슷한 경우들이 상당히 많습니다. 누군가 길을 물었을 때 알고 있는 길도 혹시나 틀릴까 봐 그저 모른다고 대답해 버리기도 합니다. 도덕적 상대주의로 보면 아는 길을 모른다고 거짓말한 것이 도덕적으로 더 나쁜 것이지만, 그냥 모른다고 할 때가 더 편합니다. 혹시나 잘못 알려 줘서 피해를 주는 것이 더 나쁜 일이라고 여깁니다.

결과만을 중요시해서 커닝을 해도 걸리지 않고 시험을 잘 봐 엄마를 기쁘게 하면 자신은 좋은 아들이라고 여기기도 합니다. 불법으로 돈을 벌어도 불쌍한 사람을 도와주면, 좋은 일을 한 거라고 생각합니다. 저의 환자 한 분은 친구에게 가 보라고 소개해 준 스키장에서 친구가 다리를 크게 다쳤다며 거기에 대해 마치 자신이 잘못한 일인 양 과도한 죄책감을 가졌습니다. 그는 앞으로 다시는 누구에게 어디를 가 보라고 알려 주지 않겠다고 했습니다.

현대에는 더욱더 도덕적 사실주의가 우리들 마음에 다시 살아나고 있는 듯합니다. 그로 인해 우리 사회는 점점 삭막해지고 선한 의도는 무시됩니다. 왜 이런 일들이 많아지고 있는 걸까요?

일단은 육아 방식의 문제입니다. 아이를 혼낼 때 아이가 가졌던 마음이나 의도는 무시합니다. 그저 아이가 깬 그릇의 수로 혼내는 경우가 많은 것입니다. 아이에게 관심을 많이 갖는 듯 보이고 학업에 열을 올리지만 정작 아이의 마음은 읽어 주지 못합니다. 이렇게 자란 아이들은 전조작기를 지나고 성인이 되어서까지도 그때의 사고방식을 벗어나기 힘듭니다. 자기중심성에서 탈피하지 못하고 상대방의 마음에 관심을 갖지 못하는 것입니다.

그저 결과로만 자신을 평가하지 마세요. 좋은 의도로 한 일이 잘못되었다면 결과에 책임을 져야 하겠지만, 선한 마음을 가졌던 자신에 대해서는 칭찬해 주고 인정해 주세요. 결과가 부담스러워 나서지 않는 것보다, 선의로 행동하는 것은 큰 용기가 필요한 일임을 잊지 마세요.

또한 다른 사람을 평가할 때도 마찬가지입니다. 누군가 나를 화나게 하고 힘들게 한다면 그 사람이 과연 어떤 마음으로 그런 행동을 했을지 생각해 보세요. '진짜 악의로 한 일인가?

다른 가능성은 없을까? 사실 좋은 의도로 그런 건 아니었을까?' 하고 생각해 봅니다.

도덕적 사실주의를 벗어나 도덕적 상대주의로 옮겨갈 때 내 마음은 물론 다른 사람의 마음에 대한 이해의 폭이 넓어질 것입니다.

분노를 조절하지
못하는 이유는
따로 있다

· 항문기의 자기 조절 ·

세은 씨는 27세의 직장 여성입니다. 그녀가 절 찾아온 이유는 갑자기 폭발하는 '화' 때문이었습니다.

"선생님, 저는 평소에는 화도 안 내고 잘 참는 편인데, 어느 순간에는 저도 모르게 폭발을 해요. 화가 폭발할 때면 정도가 심해서 주위 사람들이 모두 깜짝 놀라고요. 저도 정신 차리고 나서는 내가 왜 그랬을까 하고 너무나 후회가 되고, 창피해서 죽고 싶은 생각이 들 때도 있어요."

평소의 그녀는 짜증이나 화와는 거리가 멀어 보였습니다. 자신의 감정을 잘 표현하지 않았고, 오히려 지나칠 정도로 다른 사람 기분에 신경을 썼습니다. 상대에게 피해가 되지 않을까, 상대가 기분 나쁘지 않을까 하고 걱정하는 일이 많았습니다. 감정에 휘둘리지 않기 위해 자신을 통제하려고 애썼으며, 자기 주변의 정리 정돈도 완벽했고 물건들이 있어야 하는 위치, 배치 등도 신경을 많이 썼습니다. 그녀 자신도 강박증이 있는 것 같다며 자신과 주변을 자기 생각대로 통제하고 싶어 했습니다.

하지만 타인에게 피해를 안 주려 하고 자신을 통제하려고 하는 그녀는 아이러니하게도 어느 순간 화가 폭발해 버리는 사건들로 인해, 자신을 통제 못 하고 남에게 해를 끼치는 인물로 인식되어 가고 있었습니다. 이런 일이 있을 때마다 그녀는 더욱더 자신을 통제하기 위해 애썼습니다. 평소에도 그녀는 마음이 안정되지 않았다고 합니다.

"내가 뭔가 잘못한 것이 없나 수시로 생각해요. 별것 아닌 것도 미안한 마음이 들면 필요 이상의 죄책감을 느끼고, 사과하거나 선물을 주는 등 무언가 만회하지 않고는 마음이 너무 불편해요."

화를 심하게 낼 때와는 전혀 다른 행동들이었습니다. 면담을 하면서 알게 된 그녀의 특성은 상대의 태도에 민감하며, 인정받고 싶은 욕구가 강하다는 것이었습니다.

그녀에게 화가 나는 상황의 공통점을 물어보았습니다. 처음엔 본인이 화를 내는 이유를 잘 모르겠다고 했으나, 이후 면담을 통해 감정적으로 격해지거나 화를 내는 상황은 자신이 인정받지 못할 때란 것을 알았습니다. 주위 사람에게 인정받지 못하고, 무시당한다고 느껴지는 상황을 그녀는 참을 수 없어 했습니다. 그녀의 마음속에는 인정받지 못하고 울고 있는 어린아이가 있는 듯했습니다. 그 아이를 달래 주고, 자존감을 높여 주는 것이 중요했습니다.

하지만 현실적으로 시급한 과제는 화가 폭발하는 패턴을 교정하는 것이었습니다. 인정받지 못하는 상황과 화를 내는 것과는 어떤 관계가 있는지 알아보는 것이 치료의 핵심이 되었습니다.

배변 훈련과 자존감, 분노 조절의 관계

평소에는 감정을 잘 드러내지 않고 얌전했던 사람이 갑작스럽고 과도하게 화를 내는 경우가 있습니다. 가만히 살펴보면 이런 분들은 대부분 주기적으로 화를 폭발하는 패턴을 보입니다. 이렇게 반복되는 화의 폭발도 유아 시기의 감정, 행동 패턴과 관련이 있을까요?

우선 그녀와 관계있을 것으로 보이는 어릴 적 시기로 돌아가 봅시다. 프로이트에 의해 항문기라고 불리게 된 그 시기 말입니다.

아이는 두 살 무렵이 되면 배변 훈련을 시작합니다. 똥오줌을 아무 데나 누지 않고 잘 참고 있다가 배변 욕구를 느끼면 적절한 장소, 즉 변기에 배변을 하는 연습을 하는 것이지요.

아이 입장에서 이 시기는 매우 당황스러울 것입니다. 그 전까지는 본인이 하는 행동에 아무런 제재가 없었고 그냥 하고 싶은 대로 하면 되었기 때문이죠. 똥을 싸고 싶을 땐 그냥 싸면 됐습니다. 그래도 엄마는 "아유, 우리 아기 똥 잘 쌌다" 하면서 좋아했습니다. 아이는 자기가 하고 싶은 대로 마음껏 해도 엄마와 그 외 사랑하는 사람들을 기쁘게 해 줄 수 있다며 자랑스러워했습니다.

하지만 배변 훈련이 시작되고 나면 모든 것이 달라집니다. 자기 마음대로 할 수 없는 것들이 생기며 때론 혼이 나기도 합니다. 자신이 한 행동에 불쾌해하는 어른들의 모습을 보게 됩니다. 자신의 자유를 압박해 오는 일련의 사건들로 인해, 자기가 하고 싶은 것을 포기해야 합니다. 부모가 원하는 대로 따라야 하는 수동적인 상태에 아이는 무기력함을 느낍니다.

이 과정에서 아이는 수치심을 알게 됩니다. 당당하고 자존감 높던 왕은 이제 자리에서 물러나 자신의 행동이 주위에 불쾌함을 줄 수 있고, 그로 인해 혼날 수도 있다는 것을 경험하게 됩니다. 여기에서 수치심과 자존감 저하가 발생합니다. 한

당신의 감정에는 당신만의 사연이 있다

데 더 중요한 것은 그런 수치심의 이면에는 분노와 공격성 또한 존재한다는 것입니다. 그것은 나에게 규제를 가하는 부모, 나를 억압하고 수치스럽게 만든 부모에 대한 분노입니다.

이렇듯 항문기의 주요 이슈는 수치심 대 자존감이며, 분노 폭발 대 자기 조절의 문제입니다.

그렇다면 이런 배변 훈련, 항문기는 어떻게 극복될까요? 그 핵심은 아이 마음속에 존재하는 부모에 대한 사랑입니다. 아이는 부모에 대해 일시적으로 분노감과 적개심이 들기도 하지만, 기본적으로는 부모를 사랑하고 부모가 좋아하는 모습을 보고 싶어 합니다. 또한 부모에게 인정받고 싶어 합니다. 그런 요소가 에너지가 되어 부모가 만들어 놓은 규칙에 따르게 합니다.

배변 훈련 중 아이가 대소변을 못 가렸을 때 현명한 부모는 아이가 수치심을 느끼지 않도록 합니다. 아이를 크게 야단치거나 비난하지 않습니다. 그것보다는 대소변을 잘 가렸을 때 크게 칭찬하고 기뻐합니다. 아이는 변기에 변을 봤을 때 뛸 듯이 기뻐하는 부모를 보며 자신도 기분이 좋아집니다. 자존감은 다시 향상됩니다. 부모에게 인정받는다는 즐거움을 느끼며 자신은 인정받는 사람이라는 자아상도 확고해집니다. 이후에는 부모가 알려 주는 현대 문명인의 생활 규칙들을 큰 반항 없이 익힐 것입니다.

이런 아이는 마음속에 자라난 분노에 대해서도 두려움을 느끼지 않습니다. 부모의 인정을 등에 업고 '나는 괜찮은 사람이다'라는 자아상이 확립되기 때문에 자기 내부의 부정적 감정에 대해서도 잘 받아들입니다. 적절하게 분노를 표현하는 법도 익히게 됩니다. 배변 훈련에서 익힌 자기 통제감과 조절력이 분노 표현에까지 확장되어 분노를 참고 또 적절히 표출하는 법을 알아 갑니다.

항문기를 잘 극복한 아이는 성인이 되어서도 자존감이 높으며 자기 조절을 잘합니다. 타인에게 인정받지 못하는 상황에서도 수치스럽다고 느끼거나 격하게 분노하지 않습니다.

배변으로 분노를 표현하는 아이

이번에는 항문기를 잘 극복하지 못해서 생기는 문제들을 살펴보겠습니다. 가끔 너무 어린 나이에 배변 훈련을 끝냈다는 부모의 자랑을 들을 때면, 속으론 걱정이 먼저 됩니다. 부모에 대한 사랑으로 터득해야 할 배변 훈련이 무서움과 두려움으로 달성됐을 가능성이 있기 때문이지요. 즉, 부모에 대한 사랑으로 자발적으로 따라온 것이 아닌, 부모에 대한 두려움과 공포로 배변 훈련을 달성했을 가능성이 크기 때문입니다.

서커스에서 신통한 재주를 부리는 동물을 보면 얼마나 겁을 줬을까 하는 생각이 들지 않나요? 다섯 살 된 아들이 가끔 변을 못 가린다며 걱정하던 엄마가 생각납니다. 자기 아이는 똑똑해서 한 살이 갓 지나 배변 훈련을 시켰는데 잘하더랍니다. 그런데 다섯 살이 된 이후에도 간혹 가다가 바지에 그냥 변을 싸는 일이 있어서 걱정이라고 했습니다. 그것도 화장실 근처에 다 와서 그런다는 것이었습니다.

아이가 부모의 말을 안 듣고 변기 이외의 곳에서 변을 보는 것은 자신을 통제하려는 부모에 대한 분노의 표현일 수 있습니다. 부모에 대한 적개심을 표현하고 싶지만, 직접적으로 표현하는 것은 생존과 연관되는 금기 사항이므로, 이런 방법으로 자신의 감정을 표현하는 것입니다.

그런데 왜 하필 아이는 잘 참다가도 결정적인 순간에 와서, 즉 화장실에 다 와서 변을 보는 것일까요? 사실 아이가 변기까지 거의 다 와서, 또는 변기에서 바지를 내리는 동안에 변을 보는 것은 흔히 있는 일입니다. 사소해 보이는 행동이지만 여기에는 의미가 있습니다. 무기력하게 부모의 규칙에 따라야 하는 아이 나름의 마지막 반항입니다. 부모를 사랑하기에 어느 정도 부모의 욕구를 맞춰 주다가도 막상 결정적인 순간에는 자신의 의사 표현을 하는 것입니다.

어른의 입장에선 이해하기 어렵지만, 아이는 자신 안의 두 가지 마음, 즉 부모를 미워하는 마음과 부모를 사랑해서 따라 주고 싶은 마음 사이에서 합의점을 찾습니다. 그래서 화장실까지는 변을 참았지만, 변기에 보기 직전에 자신의 분노를 표현해서 보여 주는 것입니다. '엄마를 사랑해서 여기까진 참았지만 저도 다 맞춰 줄 순 없어요!' 물론 이런 행동은 사랑의 힘으로 결국 조절될 것입니다.

하지만 이렇게 변을 참다가 결정적인 순간에 싸 버리는 문제가 매우 심각해지는 경우도 있습니다. 두려움과 공포로 배변 훈련을 하고, 그 과정에서 수치심과 무기력함에 압도되었던 아이는 내재된 분노가 더욱 쌓이게 됩니다. 또한 배변 조절을 못해 혼났던 경험들은 자기 통제를 못하면 큰일 난다는 두려움으로 확대됩니다(이런 사고방식은 성인이 되어 본인과 주위의 모든 것을 완벽하게 통제해야 한다는 강박관념으로 다시 살아납니다).

아이의 내재된 분노는 계속 쌓이다가 참을 수 없을 때 폭발하는데, 이것은 변을 싸 버리는 것으로 드러나게 됩니다. 부모에 대한 내재된 공격성과 수치심은 억눌려 있다가 변과 함께 외부로 표출되는 것입니다. 평소에는 그렇게 자신을 통제하려했던 것과는 반대로, 일순간에 상대에 대한 적개심은 통제력을 잃고 폭발합니다.

화장실 앞까지 변을 참으며 부모의 욕구를 어느 정도 맞춰

당신의 감정에는 당신만의 사연이 있다

주던 행동은, 이제 부모에게 더 강한 분노를 표현하기 위해 변을 있는 대로 모았다가 한 번에 폭발시키는 것으로 의미가 바뀝니다. 참을 만큼 참았는데 약간만 부족했다는 것을 부모에게 보여 주는 것이지요. 이런 합리화를 통해 타인과 자신에게 무의식적인 적개심을 숨깁니다.

하지만 그런 행동은 상대에게 더 큰 해로움을 줍니다. 변을 모아서 싼 것은 어머니를 더 힘들게 하기 때문입니다. 이렇게 은밀한 분노 표출의 성과를 올립니다. 평소에는 변기에 변을 잘 보더라도, 내재된 분노가 쌓이면 어느 순간 그냥 변을 싸 버리는 행동이 반복됩니다.

이런 행동 뒤에는 후회가 밀려옵니다. 부모를 사랑하고 인정받고 싶은 욕구 또한 강하게 존재하기 때문이지요. 다시 수치심이 들고 죄책감에 빠집니다.

이런 행동은 보통 아이가 자라고 학교에 입학하게 되면서 점차 수그러들게 됩니다. 나이가 들면서 아무리 분노를 표현하고 싶어도 한 번에 변을 누는 것으로 표현하면 자신에게 더한 손해가 온다는 것을 깨닫기 때문이지요. 이런 분노 표출 방식은 무의식 속으로 강하게 억압될 것입니다.

하지만 앞서 이야기한 내용들처럼, 이런 사고방식과 패턴은 언제고 다시 등장할 수 있습니다. 성인이 된 후에 다시 등장할 때는 다른 모습으로 변형되어 나타날 것입니다.

자신을 용서해야 분노를 다스릴 수 있다

다시 세은 씨 문제로 돌아오겠습니다. 이세은 씨는 기본적으로 화를 낸다는 것에 대해 큰 거부감을 갖고 있었습니다. 오히려 다소 짜증스럽게 굴었다고 느껴지면 상대에게 과도하게 미안하다고 하기도 하고, 밤늦게라도 문자를 보내 사과를 해야 마음이 편해지기도 했습니다. 그녀에게 '화'라는 것은 금기시됩니다.

평소에는 정도 이상으로 자신의 불쾌한 감정을 보여 주는 것을 통제하고 있는 그녀에게는 분노 표현이란 어릴 적 옷에 똥을 싸는 것과 같이 더럽고 금기시되는 행동입니다. 그래서 평소에는 화를 내지 않고 안으로 쌓아 두며 표출하지 않으려고 노력합니다.

아이러니하게도 그렇게 쌓인 분노는 더욱 거대해져 일순간에 폭발하며 배출됐습니다. 우리가 변을 무조건 참기만 할 수 없는 것처럼 말이지요. 세은 씨의 분노 폭발은 자신이 무시당한다고 느끼거나 인정받지 못한다고 느낄 때 일어납니다. 항문기 시절, 자신을 인정해 주지 않는 부모에게 반항하기 위해 쌓아 두었던 변을 일순간에 배설해 버린 것처럼, 인정받지 못하는 상황에서 일순간 분노를 폭발시켰습니다. 그리고 나서는 다시 수치심과 죄책감, 깊은 후회에 빠졌습니다. 세은 씨의 마음에는 수치심과 자존감, 분노와 사랑이라는 상반된 감정들이 얽혀 있습니다.

우선 세은 씨는 자신의 마음속에 인정받지 못했고, 그래서 지금도 울고 있는 어릴 적 아이가 있음을 알아야 합니다. 그 아이를 달래고 성장시켜야 합니다. 자신 안에 적개심과 분노라는 감정이 항상 켜져 있고 남들보다 훨씬 더 크게 작동한다는 것을 알고 받아들여야 합니다.

평소에 화를 내지 않고 가끔 폭발한다고 해서 그 순간만의 문제가 아닙니다. 오히려 더 큰 분노 폭발을 위해 평소에 화라는 감정을 쌓아 놓고 있는 패턴을 이해하고 인정해야 합니다. 아이가 '화장실 앞까지는 변을 잘 참았으니, 엄마한테 반항하는 게 아니에요'라며 자신을 합리화하듯이, 평소에 화를 잘 참는 것은 자신 안에 분노가 없다고 위장하기 위한 합리화 수단임을 알아야 합니다.

무의식적인 분노는 자기 자신도 속이고 있습니다. 자신 안의 분노를 인정한다면 그 분노를 줄이는 것도 가능해집니다. 항문기 시절 폭발하는 분노에는 부모에 대한 것만 있는 듯 보이나, 사실 그 안에는 자신에 대한 분노가 섞여 있습니다. 부모의 요구를 잘 따르지 못하는 자신에 대한 실망과 분노가 있는 것입니다. 누군가의 기대를 맞춰 주지 못할 때 오히려 미안해하기보다 화를 내는 경우가 있지 않습니까? 그럴 때 내는 화는 실제로는 자기 자신에 대한 것입니다.

따라서 분노를 다스리는 것은 부모를 용서하고 타인을 용서하는 것부터 시작하는 것이 아닙니다. 자신부터 인정하고 용서해야 합니다. 여러 가지 상황에서 부모의 요구를 따르지 못했고 부모의 인정을 받지 못했던 자신을 인정하고 용서해야 합니다. 낮아진 자존감도 거기에서 회복될 수 있습니다.

마음을 편안하게 하고, 자리에 앉아 눈을 감고 자신에게 수시로 이렇게 이야기해 주세요.

- "나는 비록 부모님의 인정을 받지 못했지만, 나는 나를 있는 그대로 받아들이고 인정한다."
- "내 마음 안에는 비록 나 자신과 타인에 대한 원망과 분노가 있지만, 나는 나를 있는 그대로 받아들이고 용서한다."

또한 분노라는 감정을 표현하는 것 자체가 수치스럽고 더러운 것은 아니라는 것도 받아들여야 합니다. 실은 분노가 문제가 아니고 그것을 표현하는 방식에 문제가 있었던 것입니다. '감정을 잘게 나누어 이름 붙이기'에서 설명한 대로, 분노라는 감정을 인식하고 그것을 언어화해서 말로 표현하는 작업을 해야 합니다.

당신의 감정에는 당신만의 사연이 있다

바람둥이의
아들은
바람둥이가 될까?

· 남성의 오이디푸스 콤플렉스 ·

"아빠가 바람둥이면 아들도 바람둥이가 된다는데 정말 그런 가요?"

이런 질문을 자주 받는 것을 보면, 많은 사람들이 관심을 가지고 궁금해하는 문제인 것 같습니다. 흔히 이야기하는 비슷한 예로 아버지가 알코올 중독자일 때 아들도 알코올 중독자가 된다는 것, 어머니가 사치와 허영이 심할 때 딸도 사치와 허영이 심한 소위 '된장녀'가 된다는 것 등도 있습니다.

하지만 이에 대해 제대로 된 대답을 해 주는 사람은 별로 없으며, 실제 과학적으로도 그런 일이 일어나는 정확한 확률이나 근거가 밝혀지진 않았습니다. 그냥 '그렇더라' 하며 떠도는 이야기입니다.

아들이 아버지의 행동을, 그것도 자신이 커서는 절대 하지 말아야지 했던 행동을 답습하거나, 딸은 어머니의 행동 중 어려서 혐오하고 증오했던 것을 답습하는 경우가 많다는 것은 사실인 듯합니다. 아니, 부모보다 더 심하게 행동하는 경우도 많습니다. 언뜻 보면 이것은 참으로 이해하기 어렵습니다. 거기에는 두 가지의 큰 이유가 존재할 수 있습니다.

일단 첫 번째는 유전적인 영향입니다. 아버지의 대를 이어 술을 좋아하게 만드는 유전자를 타고났다면, 아들 역시 알코올 중독자가 될 가능성이 높습니다. 하지만 실제 환자들을 보면, 단순히 유전적으로만 설명하기에는 어려운 경우들이 많습니다. 유전 이외에 생각할 수 있는 측면은 가정 내 환경적인 영향입니다. 아마도 이 두 가지 요인은 따로 존재하는 것이 아니라 대부분의 경우 복합되어 있을 것입니다.

이 때문에 유전적인 취약성과 더불어 환경적인 요인이 더해져 한 사람의 행동 패턴을 결정한다고 보아야 합니다. 유전성이 더 강하게 작용하는 경우도 있고, 양육 환경이 더 크게 작용하는 경우도 있을 것입니다.

행동 패턴에 영향을 주는 양육 환경의 요소는 다시 두 가지 측면으로 나누어 생각해 볼 수 있습니다. 첫 번째는 학습입니

당신의 감정에는 당신만의 사연이 있다

다. 가치 판단을 할 수 없는 어리고 민감한 시기에 부모가 보인 행동은 아이의 마음속에 강하게 인식되고 아이가 하는 행동의 기본 교과서로 자리 잡게 됩니다.

술을 먹고 엄마를 때리는 아버지를 보며 자란 아이는 그런 아버지가 괴롭고 불쾌했지만 그것을 기본적인 부부 관계의 양식으로 습득하고, 커서는 그 틀에 따라 행동할 수 있습니다. 부모에게 학대받은 아이는 정서적으로 친밀함을 거부하며 상대의 요구를 외면하는 패턴을 인간관계의 기본으로 익힙니다. 그 아이는 자라서 다시 자기 자식에게도 그런 관계 패턴을 반복할 것입니다.

이런 방식은 뒤에서 소개할 '인생의 덫'과 관련이 있습니다. '인생의 덫'이란 내 의지와 관계없이 인생에서 반복되는 상황을 가리킵니다. 마치 덫에 빠진 것처럼 헤어나기가 쉽지 않은 것이지요. 이런 인생의 덫과 그것을 극복하는 방법은 뒤에서 자세히 살펴보겠습니다.

하지만 이런 학습이론과 부모에게 그저 수동적으로 물려받은 유산으로만 설명하기에는 모자란 부분이 있습니다. 무언가 무의식적인 것, 그리고 어린 시절 특유의 사고방식과도 연관이 있을 것입니다. 바로 '오이디푸스 콤플렉스(Oedipus complex)' 말입니다.

부모를 미워하면서도 닮는 이유

우리는 누구나 어린 시절 오이디푸스 콤플렉스 시기를 거칩니다. 아이는 세 살 정도가 되면 이성에 눈을 뜹니다. 남자아이는 엄마를 자기 혼자 소유하고 싶은 욕심이 생기게 됩니다. 반대로 여자아이는 아빠를 자기가 차지하고 싶다는 생각을 하게 됩니다.

안됐지만, 그것은 환상 속에서만 이루어지는 사랑일 수밖엔 없습니다. 다른 문제를 차치하고서라도 일단 나와는 차원이 다를 정도로 강한 라이벌이 있기 때문이지요. 엄마 옆에는 아빠가 있고, 반대로 여자아이의 입장에서는 아빠 옆에 엄마가 있습니다. '아빠만 없었으면 내가 엄마를 독차지하는 건데'라는 생각이 들고, 동성 부모에 대한 공격성과 미움의 감정이 샘솟습니다. 이것을 정신분석학 용어로 오이디푸스 콤플렉스라고 하며, 오이디푸스 콤플렉스를 겪는 3~6세 사이를 오이디푸스 시기라고 합니다.

남자아이를 예로 들면, 아이는 아버지에 대한 적개심을 키워가며 은밀한 무의식 속에서는 아버지를 제압하고 혹은 죽이고 어머니를 차지하는 모험담과 판타지를 그릴지 모릅니다. 하지만 아이에게는 아버지를 사랑하는 마음 또한 크게 있기 때문에 그런 불경한 상상은 용납되지 않으며, 무의식적인 상상임에도 불구하고 어떤 불안을 만들어 냅니다. 죄책감이 나타나는 것입니다.

시간이 지나며 아버지에 대한 이 죄책감은 더욱 확장됩니다. 아버지가 어딘가에서 자신을 보고 있고 자신의 마음을 다 알고 있는 것처럼 느껴집니다. 곁에 아버지가 없는데도 무언가 잘못하면 마음이 불편해집니다. 누군가 자신을 혼내는 것 같습니다. 실은 아이 자신이 마치 아버지가 된 듯 자신을 질책하는 것이지요. 바로 양심이 태동하고 있는 것이며, 그로 인한 죄책감이 만들어진 것입니다. 이렇듯 오이디푸스 콤플렉스는 우리에게 양심이라는 선물을 줍니다.

하지만 그 이면에는 어머니를 포기해야 하는 비극적 사랑 이야기가 있습니다. 그것은 단순히 아버지가 무섭기 때문이 아니라 아버지에 대한 사랑이 있기 때문에 가능한 것입니다.

한편으로 아이는 어머니를 차지하고 있는 아버지처럼 되고 싶을 것입니다. 그런 바람은 아버지의 규칙과 도덕성, 인격 전반을 자신의 마음으로 더더욱 흡수하는 동기가 됩니다. 여자아이도 마찬가지로 아버지를 포기하고 어머니와 닮아 가는 과정을 밟게 됩니다.

무의식에서 아버지와 경쟁하는 아들

진성 씨는 초등학교 시절 아버지가 돌아가셨습니다. 그는 어려서 마음고생도 컸고 경제적으로도 어려웠지만, 어머니를 기쁘게 해 드려야 한다는 생각으로 공부에만 전념했습니다. 그의 마음 안에는 겉으로 표현은 안 했지만 아버지에 대한 적개심과 어머니에 대한 연민이 크게 자리 잡고 있었을 것입니다.

결혼한 지 몇 년 지나지 않아, 그는 병원을 방문했습니다. 힘들게 자신의 외도 문제에 대해 털어놓았습니다. 자신도 부인에게만 집중하고 싶은데, 끊임없이 다른 여자를 만들어 놓는 패턴이 있다면서 자책하고 괴로워했습니다. 연애를 할 때나 신혼 초에는 이러지 않았는데, 어느 순간 그러지 않으면 마음 한편이 공허하다고 했습니다. 내면의 갈등을 파악하기 위해 정신분석적 치료를 시작했습니다.

그러던 어느 날 그가 어떤 기억을 이야기했습니다. 대학생 때 어머니에게 들은 아버지에 대한 내용이었습니다.

아버지는 진성 씨가 태어나기 전부터 바람을 많이 피웠고, 그 때문에 어머니가 마음고생을 심하게 했다고 합니다. 또한 아버지가 술을 많이 마셨다고 합니다. 진성 씨는 언제부턴가 술을 먹으면 왠지 모르게 남들보다 적게 마신다는 소리가 듣기 싫었습니다. 주량이 늘었고, 술도 자주 마셨습니다. 술 잘

당신의 감정에는 당신만의 사연이 있다

마신다는 소리를 듣는 것이 기분 나쁘지가 않았습니다. 간혹 '아버지보다 내가 더 잘 마실 것이다'라는 생각이 들었다고 합니다.

그는 주량에서 아버지에게 지기 싫다고 말했습니다. 그것이 설령 몸에 해로운 것이라고 해도 아버지에 대한 승리의 쾌감을 느끼고 있었습니다. 그는 오이디푸스 시기에 보이는 여러 가지 특성들을 성인이 된 이후에도 가지고 있는 것이었습니다. 어머니에 대한 판타지와 집착, 과도한 애착, 그리고 아버지에 대한 적개심과 경쟁심이 내재되어 있었습니다.

그의 무의식에서는 끊임없이 가상의 아버지와 자신을 비교하며 경쟁하고 있었습니다. 치료 후반기에 그는 자신이 바람을 피우려고 하는 이유도 바람둥이 아버지에 대한 경쟁심과 아버지보다 우위에 서고 싶은 욕구일 수 있음을 이해했습니다.

진성 씨의 예에서 알 수 있듯이, 우리가 싫어하는 부모의 부분이라도 그것이 부모를 상징하는 대표성을 갖는다면, 무의식은 그것을 극복하기 위해 더한 행동을 하라고 시킬 것입니다. 무의식에서는 선과 악, 좋고 나쁨에 대한 기준이 없기 때문입니다. 그저 아버지를 이기고 싶다는 욕망을 이루려고 합니다.

성인이 된 이후라도 스트레스나 어떤 계기로 오이디푸스 시기의 사고방식으로 퇴행한다면, 누구나 동성 부모에 대한 무의식적 경쟁심이 더욱 심하게 되살아날 수 있습니다. 그럴 때면 나도 모르게 아버지를 대표하는 이미지와 가상의 경쟁을 시작할지 모릅니다.

그런 계기가 될 수 있는 스트레스들은 주로 아버지와의 대립을 상기시키는 상사와의 갈등이나 직장에서의 과도한 경쟁 등에서 발생됩니다. 한 여자를 두고 경쟁자와 겨루어야 하는 삼각관계 상황일 수도 있습니다. 진성 씨의 경우에는 결혼을 하고 새로 가정을 꾸리면서 어머니를 포기해야 했던 상황이 오이디푸스 시기로의 퇴행을 가져왔겠지요.

이런 문제는 부모가 항상 싸우고 불화가 있던 가정에서 자란 경우 더 쉽게 발생할 수 있습니다. 특히나 아들이 엄마에게서 "난 너만 보면서 산다", "네 아버지는 못된 사람이다", "아빠 때문에 고생한 엄마 좀 나중에 호강시켜 주라" 등의 이야기를 들으며 자랐다면 그의 오이디푸스 콤플렉스는 지속될 것입니다. 그의 무의식 속엔 아버지는 못된 사람이며, 그를 이기고 어머니를 구출해야 한다는 의무감이 있는 것입니다.

여기까지 읽고 나면 아버지와 아들의 관계를 너무 적대적으로 보고, 무리하게 일반화하며, 아버지의 잘못을 극복하기 어려운 것처럼 몰아간다고 생각하실지 모릅니다. 맞습니다. 예를 들어 설명하다 보니 부자지간의 안 좋은 측면이 크게 부각됐지만, 많은 경우에 아들은 아버지의 좋은 점을 더 발전시키

당신의 감정에는 당신만의 사연이 있다

고, 약점은 극복하는 모양을 취합니다.

　일단 아버지로서 아들에게 잘못을 하는 경우보다는 잘해 주고 사랑해 주는 경우가 대부분이고 이런 과정을 통해 아들이 아버지에 대한 긍정적인 상을 갖게 되기 때문에, 아들은 아버지의 나쁜 점과 경쟁하기보다는 아버지의 좋은 점을 닮고 더욱 발전시키려 할 것입니다. 하지만 아버지의 결점을 경쟁의 대상으로 삼는 경우라도 극복할 수 있는 가능성은 얼마든지 있습니다.

아버지의 결점을 극복하고 나아가기

　철은 씨는 어릴 때 화를 많이 내는 아버지 밑에서 자랐습니다. 그는 커서는 절대 화를 안 내겠다고 다짐했습니다. 하지만 성인이 돼서 결혼을 한 뒤 본인도 모르는 사이 부인이나 아이들에게 심하게 화를 내는 일들이 생겼습니다. 그는 '아, 닮지 말아야 할 것을 닮아 가는구나' 하는 생각에 그것을 참고 극복하기 위해 노력하고 또 노력했습니다. 아버지를 능가하고 극복하는 방법은 화를 내는 것이 아닌, 완전히 아버지와 다른 행동, 즉 화를 내지 않고 가정을 화목하게 이끌어 가는 것이라고 생각했습니다. 이것이 진정 그가 오이디푸스 콤플렉스를 극복한 길이었습니다.

극복이 가능했던 이유는 자신에게 있는 아버지에 대한 경쟁심을 인식했기 때문입니다. 그리고 의식적으로 아버지와 다른 행동을 하려고 노력했기 때문이지요. 그는 그것이 아버지도 자신에게 원했을 행동이라고 여겼습니다.

우리 안에는 아버지를 경쟁자로 보는 마음도 있지만 아버지를 사랑하고, 아버지에게 인정받고 싶은 마음 또한 있습니다. 사실은 그 힘이 더 강합니다. 철은 씨는 자신이 아버지와 다르게 행동하는 것이 아버지에게 인정받는 길이고, 아버지가 진정 원했을 행동이라고 믿으며 힘을 얻었습니다. 무의식에 자리 잡은 아버지에 대한 경쟁심은 이런 식으로 승화되었습니다.

우리는 철은 씨의 이야기에서 희망을 찾을 수 있습니다. '바람둥이 아버지의 아들은 바람둥이가 된다'는 말은 맞기도 하고 틀리기도 합니다. 자기 자신 안에 있는 경쟁자로서의 아버지에 대해 인식하고 그에 대한 분노와 어릴 적 불행했던 기억에 대한 슬픔을 제대로 된 방향으로 이용한다면, 오히려 더욱 발전되고 화목한 가정을 만들 수 있습니다. 대를 거쳐 가며 진보할 수 있습니다.

두 가지 선택이 있습니다. 아버지가 했던 실수를 반복하며 퇴보하는 것과 아버지의 결점을 극복하고 조금이나마 좋은 방향으로 나아가려고 하는 것 말입니다. 우리에게는 진보를 위한 에너지와 능력이 있습니다. 아니, 진보에 대한 열망은 우리의 본능입니다. 아버지의 결점을 극복하고, 그런 모습을 자식에게 보여 주며, 또 내 자식도 나의 결점을 조금이나마 극복하도록 하는 것. 우리에게는 그럴 수 있는 힘이 있습니다.

내 아버지와 내 아들 사이에서 내가 그런 다리 역할을 해낼 수 있다면, 아들로서 또 아버지로서 보낸 한평생이 그리 허무한 것만도 아닙니다. 거창하게 이야기하자면, 우리 인류의 진보는 각자 자신의 마음을 이해하는 것에서 출발합니다.

잘못된 관계에
자꾸만
끌리는 이유

· 여성의 오이디푸스 콤플렉스 ·

가끔 유부남을 반복적으로 만나는 여성들의 이야기를 접하게 될 때가 있습니다. 하지만 유부남을 반복해서 좋아하거나, 혹은 사회적으로 선뜻 수용되지 않을 정도로 나이 차가 나는 남성들에게만 끌리는 경우라면 자신의 마음 안에 해결되지 않은 문제가 있진 않은지 탐구해 볼 필요가 있습니다.

금기시되는 연애에 빠지는 여자

진숙 씨는 20대 후반의 직장 여성이었습니다. 예쁜 외모에

당신의 감정에는 당신만의 사연이 있다

화려하게 치장하는 것을 좋아했고, 다른 사람의 관심을 받는 것도 좋아했습니다. 면담 중에도 다양한 제스처를 취해 가며 자신의 이야기를 재미있게 표현하곤 했습니다. 마치 무대 위의 배우처럼 주변 사람들이 자신의 이야기에 관심을 가져 주길 바랐습니다. 그리고 사람들이 자신의 이야기에 집중하고 자신에게 관심을 갖도록 하는 재주가 있었습니다. 외모로 이목을 끄는 것 또한 좋아했습니다.

진숙 씨 주변에는 그녀에게 이성적인 관심을 보이는 남성들이 많았습니다. 그러나 진숙 씨는 많은 연애를 했음에도 그들에게 만족할 수 없었습니다. 그러던 중 어떤 유부남을 알게 되었고 맹목적인 사랑을 하게 되었습니다. 감정적으로 너무나 빠져들어서 모든 일을 제쳐 두고 연애에만 몰두했습니다. 하지만 현실적으로 이루어질 수 없다는 벽에 부딪혀 너무나 괴로워하다가 헤어졌다고 합니다.

그런데 그다음에 만난 남자 또한 유부남이었습니다. 다시 모든 에너지를 동원해서 그와 열렬히 사귀었습니다. 그 남자는 부인과 이혼하고 진숙 씨와 결혼하겠다고 약속했으나, 수년이 흘러도 그 약속은 지켜지지 않았습니다. 그렇게 그녀의 두 번째 사랑도 끝이 났습니다.

진숙 씨는 첫 번째 상담에서 이렇게 말했습니다.

"꼭 유부남이기 때문만은 아니고, 저는 나이 많은 남자에게 끌리는 것 같아요. 그래서 이번에는 더 이상 마음고생 안 하기 위해서 나이 많은 이혼남을 만나고 있어요. 그런데 부모님이 너무 반대를 하셔서 힘드네요."

이것이 저에게 상담하러 온 이유였습니다. 진숙 씨가 만나고 있는 이혼남은 그녀와 스무 살 차이가 나는 남자였습니다. 유부남은 아니었지만 그 또한 사회적으로 받아들이기 쉽지 않은 조건에 속했고, 부모는 절대적으로 반대하고 있었습니다. 이번에도 역시 금기시되는 연애를 선택한 것이지요. 이런 진숙 씨의 행동도 어린 시절의 사고방식과 감정에 영향을 받은 것일까요?

어릴 적 삼각관계를 재현하는 그녀들

남자아이와 마찬가지로 여자아이도 오이디푸스 시기에는 동성 부모인 어머니에겐 경쟁심과 적개심을, 이성 부모인 아버지에겐 소유욕과 이성적인 사랑을 느낍니다. 아버지를 두고 어머니와 경쟁자가 되어 삼각관계가 만들어집니다. 어머니를 아버지의 관심에서 소외시키고자 하는 욕구가 가득합니다.

오이디푸스 콤플렉스가 잘 해소되지 않은 여성은 성인이 되면 극화적이고 전시적이며 관심받는 것을 좋아하게 됩니다.

그녀들 마음에는 손을 다쳤다며 다소 과도하게 얼굴을 찡그리며 아빠에게 '호오' 해 달라고 애교를 떠는 아이가 있습니다. 성인이 돼서도 어려서의 은밀한 욕구가 되살아날 때가 오면 어려서의 삼각관계 패턴을 반복하려 할 것입니다. 어려서 쟁취하지 못한 이루어질 수 없는 사랑을 다시금 반복하고, 그 사랑을 이루려 할 것입니다.

유부남을 반복해서 사랑하는 것은 이런 소망을 가장 직설적으로 드러내는 형태일 수 있습니다. 유부남은 이루어지기 어려운 사랑의 대상인 아버지를 상징하고, 유부남의 부인은 자신의 라이벌이었던 어머니를 상징합니다. 어릴 적 극복하지 못한 근친상간적인 터부는 사회적 터부로 변형됩니다. 하지만 금기시되는 상황 자체는 비슷한 성질을 갖습니다. 이런 금기를 깨고 자신의 소망을 이루고자 하는 행동이 다시 나타나는 것입니다.

하지만 이런 상황을 재현하고 다시 사랑을 이루려 노력하는 그녀들은 행복하지 않습니다. 이런 은밀한 욕구 이면에는 커다란 죄책감 또한 존재하고 있기 때문입니다. 어머니를 사랑하는 마음이 죄책감을 만들며, 터부를 깨는 것에 대한 불안이 존재합니다. 이런 죄책감과 불안은 무의식적인 것이므로, 현실에선 이유를 알 수 없는 만성적인 불안감과 공허함, 죄책감으로 나타날 것입니다.

오이디푸스 콤플렉스는 성인이 된 후에 모두에게 다시 나타나는 것은 아닙니다. 앞서 설명한 다른 과거의 흔적들이 귀환하는 것처럼 이 또한 어떤 상황이 되면 그 모습을 드러낼 가능성이 있습니다. 그런 상황은 대부분 과거 오이디푸스 시기를 다시 떠올리게 만드는 현재의 경험들입니다.

가령, 삼각관계에서 실연하는 상처를 받았을 때는 어릴 적 경험이 떠올라 오이디푸스 콤플렉스가 되살아날 수 있습니다. 그런 상황에선 자신을 선택하지 않은 남자를 비난하며 젊은 남자들은 자신을 이해하지 못한다고 믿고, 나이 많은 남자나 유부남에게서 위로를 받으려 할지 모릅니다. 이때 실제 유부남이나 나이 많은 남자의 유혹을 받는다면 자신도 모르게 어릴 적 아버지를 상징하는 그를 차지하고 싶은 욕구가 발동될 수 있습니다.

또는 스트레스가 극심한 상황이나 마음의 상처를 받았을 때 자신을 보호해 주던 아버지가 그리워질 수도 있습니다. 특히나 어려서 오이디푸스 시기를 잘 극복하지 못한 사람이라면 이런 상황에서 오이디푸스 시기의 흔적이 나타나 영향을 줄 것입니다.

당신의 감정에는 당신만의 사연이 있다

내 마음을 이해할 때 변화가 시작된다

다시 진숙 씨의 이야기를 해 보겠습니다. 그녀는 자신 안에 아버지에게 인정받고 사랑받고 싶어 하는 아이가 있음을 조금씩 이해했습니다. 그러던 중 그녀는 자신의 또 다른 고민을 털어놓았습니다. 남자들과의 잠자리가 그리 즐겁지 않다는 것이었습니다. 유혹적이고 외모가 화려한 그녀였지만 막상 성적으론 불감증이 있었습니다. 그녀가 마음속으로 꿈꾸는 최고의 사랑은 성적이라기보다는 플라토닉하고 관념적인 면이 강했습니다.

이런 성적 불감증은 오이디푸스 콤플렉스를 겪는 남성이나 여성에게 흔히 나타납니다. 상징적인 아버지를 차지했지만, 마음 안에 있는 죄책감은 성적인 쾌감을 느끼는 것을 억압합니다.

그녀는 이런 자신의 마음을 이해해 가며 이혼남과 헤어졌습니다. 그래도 아직은 또래 남자에겐 끌리지 않는다고 합니다. 하지만 어떻게 하면 행복하게 살 수 있을까에 대해 심각하게 고민하고 있다고 했습니다. 그녀는 가끔 유부남과 사귀어서 그가 이혼을 하고 결국 자신과 결혼하는 공상을 한다고 했습니다. 하지만 그래서 마침내 자신이 사랑의 승리자가 되더라도 행복하지 않을 거란 느낌도 든다고 합니다.

"아마 제 안의 죄책감 때문이겠죠. 그런 상황이 실제로 온다면 저의 또 다른 마음은 제 자신을 굉장히 비난할 거예요. 결국 저의 결혼 생활은 불행해지겠죠."

그녀는 조금씩 변하고 있었습니다.

주는 만큼 사랑한다는 착각

최근 연애 중인 분들의 상담을 하다 보면 묘한 공통점이 발견되곤 합니다. 바로 상대방이 자신에게 해 주는 물질적인 것(돈)을 중요시하는 경향입니다. 자신에게 쓰는 돈이 상대방의 사랑의 크기를 나타낸다고 생각하며, 액수가 큰 만큼 그 사람이 자신에게 빠져 있다고 생각합니다. 돈의 양을 마음의 양이라고 믿는 것이지요. 과연 그럴까요?

좀 생뚱맞지만 돈 이야기를 하기 전에 똥 이야기를 먼저 해볼까 합니다. 돈은 잠시 잊읍시다. 똥은 우리에게 어떤 의미가 있을까요? 태어나서 얼마 동안 아이는 똥이라는 것에 대해 알지 못합니다. 그저 긴장감이 있다가 풀어지는 배변의 느낌만 어렴풋이 알지요.

어느 순간 자신의 몸에서 무언가 만들어져서 분리되는 것을 인식하게 됩니다. 바로 똥이지요. 더군다나 똥이란 것을 만들어 내면 부모가 즐거워한다는 것을 알게 됩니다. "우리 아이

똥 잘 쌌네!" 하고 칭찬하니까요.

이때 아이에게 있어 똥은 엄마를 즐겁게 하는 선물입니다. 그리고 자신의 신체 일부분을 나누어 주는 것이라고 생각합니다. 비로소 아이는 심리학에서 항문기라고 부르는 시기의 문을 연 것입니다. 그러면 항문기 이전에는 아이에게 어떤 일이 있었던 것일까요?

갓 태어난 아이는 엄마와 자신이 하나라고 느낍니다. 엄마라는 타자의 존재를 아예 모르지요. 그러다가 나 이외의 타인으로서의 엄마를 알게 되고 큰 충격에 빠집니다. 엄마와의 가슴 아픈 분리가 시작되는 것이지요.

하지만 엄마의 젖이 이 슬픔을 견디게 해 줍니다. 엄마의 젖을 먹으며 '그래도 엄마와 나는 하나'라는 위안을 느낍니다. 젖이라는 엄마의 일부분을 통해 엄마와의 합일감을 유지하는 것입니다. 젖이 중요한 이 시기를 구강기라고 합니다. 젖을 통해 엄마와 하나가 된다는 사실은 아이의 환상일 뿐이지만, 그 환상을 통해 상실감을 견뎌 냅니다.

그렇지만 이것도 오래 가지 못합니다. 수유를 끊어야 하는 순간이 오는 것이지요. 그렇게 아이는 젖을, 그리고 엄마를 잃어버릴 위기에 봉착합니다. 그럴 때쯤 항문기에 들어가는 것입니다. 똥이라는 존재를 알게 되고, 이전까지는 엄마에게 젖

당신의 감정에는 당신만의 사연이 있다

．

을 얻어먹었지만 이제는 스스로 엄마를 즐겁게 할 무언가를 만들어 낼 수 있게 됨을 기뻐합니다. 엄마의 일부(젖)가 아닌 자신의 일부(똥)를 통해 엄마와의 끈을 유지할 수 있게 된 것이지요.

똥이라는 매개를 통해 엄마(타인)와 하나가 될 수 있다는 환상이 생겨납니다. 계속 언급한 것처럼 이 시기의 아이는 '엄마와 완전히 하나가 되고 싶다'라는 은밀한 소망이 있습니다. 하지만 정반대의 소망 또한 태동해 버린 뒤입니다. 바로 '엄마와 하나가 된다는 것은 엄마에게 삼켜지는 것이다. 나는 엄마와 더 떨어지고 싶다. 자유롭고 싶다'라는 소망이지요.

이 두 가지 정반대의 소망 사이에서 아이는 방황합니다. 이것이 바로 항문기의 딜레마입니다. 항문기에서 똥은 참 오묘한 의미를 가지고 있습니다. 아이는 똥이 귀중한 것이면서도 한없이 하찮은 것임을 배우고 알게 됩니다. 자신의 몸에서 나왔지만, 실제로는 하찮게 버려져야 하는 똥은 엄마와 연결해 주면서도 자신의 모든 것을 주지 않는 거리감을 유지하는 것입니다.

자신이 만들어 내서 소중하지만, 냄새가 나는 더러움과 하찮음을 동시에 가진 똥. 그것을 엄마에게 선물로 주는 것은 엄마와 하나가 되고 싶긴 하지만, 한편으론 정말 자신의 모든 것을 주고 싶지는 않은 항문기 아이의 마음을 오롯이 표현하고 있습니다.

이런 항문기의 딜레마에서 벗어나지 못한 채 성장하게 되면 강박적 성격 또는 강박증이 됩니다. 이것을 항문기 고착이라고 말합니다. 항문기의 문제에 머물러있다는 말이지요.

그러므로 강박증은 항문기의 딜레마를 이어받아 항상 두 가지 사이에서 방황하게 됩니다. 어렵게 하나를 선택하면, 다른 선택에 대한 후회가 남습니다. 이런 강박증의 특성에 대해서 이야기할 것은 너무나 많겠지만, 여기서는 강박증자의 연애에 대해서 이야기하겠습니다.

강박증자는 타인과 하나가 되고 싶으면서도 한편으로는 분리되어 자유를 얻고 싶어 하는 주체입니다. 그는 항문기의 상징물인 똥으로 상대를 조종하려고 합니다. 중요해 보이지만 실제로는 자신의 본질과는 아무런 관련 없는 것으로 말이지요. 이때 똥은 냄새가 나면서도 상대가 좋아할 만한 상징성을 가진 것입니다.

"내 소중한 똥을 줄 테니 나와 하나가 되자. 하지만 더 이상은 바라지 마!"

이것이 강박증자의 마음입니다.

자, 이쯤에서 아마도 눈치 챘을 것 같습니다. 성인에게 있어 '똥'은 바로 '돈'입니다. 돈은 귀중하면서도 세속적이고 좋지 않은 냄새가 나는 것이지요. 더군다나 자신의 본질과도 상관없는 것입니다. 강박증자들은 연인에게 물질 공세를 합니다. 돈, 즉 똥을 주는 것입니다. 하지만 진정한 자신을 주는 것은 아닙니다.

본질이라고 할 수 있는 정서적인 면을 온전히 공유하지 않고 마음을 드러내지도 않습니다. 진정한 마음은 철저히 방어하고 비밀에 부칩니다. 그래서 강박증자와의 연애에서 상대방은 외로움과 차가움을 느낍니다. 연인과 함께 있는데도 거리감이 느껴집니다.

이들은 돈을 줌으로써 상대방과 하나가 될 수 있다는 환상을 가지고 있습니다. 그래서 선물과 돈으로 연인의 환심을 사려고 듭니다. 이벤트도 화려하게 하겠지요. 이런 행동으로 상대방이 자신에게 넘어왔다고 하더라도, 강박증자는 그들이 자신을 떠날까 봐 걱정합니다. 바로 두 가지 마음의 딜레마지요. 완전히 하나가 되긴 싫으면서도, 언젠가 자신을 떠나지는 않을까 걱정을 하는 것입니다.

어느 때는 너무도 잘해 주고 선물 공세를 합니다. 하지만 이내 외로움과 거리감을 느끼게 합니다. 이런 패턴이 연애 기간 내내 반복됩니다. 강박증자는 상대방에게 돈이나 선물을 주면서 그들이 자신에게 아무것도 원하지 않는 인형 같은 존재로서 머물기를 원합니다.

가끔 그들은 억울하다는 듯이 "제가 안 해 준 것이 뭐가 있습니까? 선물도 해 주고 돈도 주고 이벤트도 해 줬는데, 뭘 더 어떻게 해 줍니까?"라고 말하기도 합니다. 하지만 그는 정서적인 것을 원하지 않는, 자신의 본질적인 것을 요구하지 않는 여자가 필요한 것뿐입니다.

자, 다시 처음의 질문으로 돌아갑시다. 돈을 많이 쓰는 사람은 사랑하는 마음도 깊을까요?

강박적인 성향을 가진 사람들은 생각보다 참 많습니다. 그들은 본질적인(정서적인) 것을 드러내지 않고, 나누려고도 하지 않습니다. 이제 그들은 이른바 '나쁜 남자'와 같은 그럴듯한 애칭을 달았습니다. 이런 애칭은 언제부턴가 멋진 훈장이 되었고, 감정에 집착하지 않는 쿨한 사람처럼 포장되었습니다.

그들은 돈을 잘 쓰면서도 지질하지 않은 사람처럼 보이지만, 사실 쿨하지 않습니다. 본질적인 사랑보다 물질적인 똥(돈)을 중요시 하는 풍토에서 생긴 허상일 뿐입니다. 그 안에서는 남자도 여자도 행복할 순 없습니다. 진정 서로를 나누고 교감하는 사랑을 해야 합니다.

결론은 역시나 뻔한 이야기입니다만, 그래서 더 진실에 가깝습니다. 돈보다는 마음을 주는 사람을 만나십시오. 그래야 외롭지 않습니다.

당신의 감정에는 당신만의 사연이 있다

불안은 과거의 반복이다

앞에서 언급한 것처럼(105쪽 '폐소공포증과 광장공포증이 함께 오는 이유' 참조) 우리가 느끼는 신경증적 불안은 결국 재경험입니다. 과거에 경험했던 불안의 반복이라는 말이지요. 하지만 불안의 원형이 되는 원초적 불안에는 많은 논쟁이 있어왔습니다.

독일의 심리학자인 오토 랑크(Otto Rank)는 태어나는 순간 자체가 아이에게 거대한 트라우마가 되며, 그것이 모든 불안의 원형이 된다고 주장했습니다. 하지만 프로이트는 태어나는 순간에는 심리적인 구조가 갖추어지지 않은 상태라 불안이라는 것조차 인식할 수 없다며 랑크의 주장에 반박했습니다. 탄생의 순간 겪는 것은 단지 생리적인 고통일 뿐이라고 이야기했지요.

프로이트는 언제나 신경증적 불안의 원형을 거세 불안에서 찾았습니다. 하지만 이 거세 불안을 단순히 신체적 기관이 거세될지 모른다는 불안으로만 국한하지는 않습니다. 거세 불안이란 결국 사랑하는 사람과 헤어져야 하는, 즉 사랑을 잃을 것에 대한 불안과 다르지 않다고 역설하는 것입니다.

불안의 시초가 사랑을 잃을지도 모른다는 불안에 있다는 말은 왠지 그럴 듯하게 들립니다. 하지만 자크 라캉(Jacques Lacan)은 더 나아가 프로이트의 이론을 더 섬세하게 구성했습니다.

막 태어난 아이는 엄마와 자신이 하나의 존재라고 생각합니다. 내가 엄마인지 엄마가 나인지 모르는 시기인 것입니다. 아이의 눈에 세상은 온통 내 것 같고 낙원 같겠지요. 하지만 이 낙원은 오래가지 않습니다. 아이는 엄마의 존재가 자신의 외부에 있다는 것을 어렴풋이 알아가며 엄마와의 공생관계에 공포심을 갖기 시작합니다. 엄마에 의해서 자신의 존재가 완전히 삼켜질 것만 같은 공포, 즉 소멸의 공포를 함께 가지게 됩니다.

라캉은 바로 이 삼켜질 것 같은 소멸의 공포가 불안의 원형이라고 이야기합니다. 앞에서 말했던 것처럼 이런 불안은 폐소공포증을 불러오기도 하지요. 이때 아이는 아버지를 원합니다. 아버지라는 제삼자가 나타나서 이 관계를 끊어 주기(거세)를 바라는 것이지요.

그러나 막상 아버지가 다가오면 거세 불안이 활성화되고, 어머니와 합일하고 싶은 욕구 속으로 도망치게 됩니다. 그리고 이내 소멸의 불안으로 다시 아버지를 찾게 되지요. 라캉은 불안의 원형은 바로 이 소멸의 불안과 거세의 불안이며, 그 사이에서 위치를 찾지 못하고 헤매는 것이 인간이라고 말합니다.

누군가를 너무도 원하고 사랑하지만 막상 하나가 되면 불안해지고, 그래서 상대와 거리를 유지하다가도 정말 떠날까 봐 다시 불안해지는 모습 안에는 불안의 원형이 숨어 있다. 그렇기에 불안이란 결국 인간 실존에 대한 근본적인 질문과 다르지 않습니다.

당신의 감정에는 당신만의 사연이 있다

오이디푸스 콤플렉스 떨쳐 버리기

1. 아버지 또는 어머니가 가진 성격이나 행동 중에서 내가 싫어하는 것은 무엇인가요?

예) 자신이 가진 능력을 다른 사람에게 부풀려서 이야기한다. 허풍이 있다.

2. 그중에서 나도 가지고 있는 것이 있나요? 있다면 무엇인가요? (특히 부모의 좋지 않았던 육아 방식 중에서 나도 모르게 내 자녀에게 하고 있는 것이 있는지 살펴보세요)

예) 나도 일단 무조건 잘될 거라고 큰소리를 친다. 아버지의 허풍과 많이 닮았다.

3. 2번 항목 중에서 바꾸기 쉽다고 생각하는 것부터 당장 바꾸기 어렵다고 생각하는 것까지 순서대로 정리해 보세요.

4. 쉬운 순서대로 오늘 당장 조금씩이라도 바꿔 봅니다.

✔ 수첩에 적어서 수시로 보면서 행동 변화의 동기로 삼습니다. 다만 완벽하게 극복하고 변화해야겠다는 욕심은 버리세요. 부모가 가졌던 약점을 조금이나마 내가 극복한다고 생각하세요. 세대를 거쳐 가는 큰 흐름 속에서 조금이나마 진보에 이바지한다는 보람을 느껴 보세요.

당신의 감정에는 당신만의 사연이 있다

5. 반대로 이번에는 나와 부모가 공통적으로 가지고 있는 장점을 생각해 봅니다.

예) 남에게 피해를 주지 않으려고 하며 본인이 책임지려고 하는 편이다.

✔ 이 항목들도 수첩에 적어 놓고 가끔씩 되새기며 부모가 나에게 준 장점이 있다는 사실에 고맙다는 생각을 가져 봅니다. 그리고 그것을 더욱 발전시켜야겠다는 다짐도 해 봅니다.

Part 2

반복되는
마음의 덫
벗어나기

Chapter 4

"어떻게 부정적인 감정을 벗어날까?"

마음의 나쁜 패턴 바로잡기

앞에서 과거의 원시적 사고방식이나 어릴 적 감정들이 성인이 된 이후에도 반복되어 나타난다는 것을 보았습니다. 하지만 이런 단편적인 사고나 감정의 회귀보다도 훨씬 거대하고 복잡한 양상으로 과거가 반복되고 있음을 인정해야 할 때가 된 것 같습니다. 실제 훨씬 많은 문제들과 고민이 여기서 발생합니다. 바로 어릴 적 형성된 복잡한 감정의 패턴과, 나아가 대인 관계 패턴이 성인이 된 현재에도 반복되고 있다는 것입니다.

왜 내게
이런 일이
계속 생기는 걸까?

　가끔 외래 환자들이 가지고 오는 문제들을 듣고 있으면, 본인의 어린 시절 가족 드라마를 반복한다는 느낌을 받습니다. 제목과 등장인물은 바뀌지만 내용은 언제나 비슷하고 결과도 금세 알 수 있는 그런 아침 드라마들의 반복처럼 말이지요. 하지만 시청자는 알아도 주인공은 자신의 운명을 모르는 것처럼, 실제 우리들은 자신이 출연한 드라마의 반복되는 내용을 전혀 모릅니다.

　어릴 적 부모에게 인정받지 못했던 사람들은 커서도 대인 관계에서 인정받지 못한다는 주제로 고민을 털어놓습니다. 어린 시절 부모에게 버림받지 않을까 항상 두려워했던 사람은 남자들과의 관계에서 날 버리지 않을까 하는 두려움의 반복으로 수많은 갈등을 겪습니다. 하지만 그 이유뿐만 아니라 반복되는 양상 자체도 잘 인식하지 못합니다.

상담하러 오는 환자 중에 이혼을 두 번 하고 현재 남편과 결혼한 지 2년이 된 분이 있습니다. 그녀는 얼마 전 세 번째 이혼을 결심했습니다. 그녀는 이렇게 말합니다.

"선생님, 제 인생은 왜 이리 박복한 건가요? 왜 그런 남자들만 저에게 걸리는 걸까요?"

아이들이 노는 것을 유심히 관찰해 보면 많은 걸 알 수 있습니다. 아이들은 자신들의 경험을 놀이에서 반복합니다. 특히 인형 놀이를 관찰해 보면 아이들이 맺고 있는 대인 관계 양상을 쉽게 알 수 있습니다.

예를 들어, 네 살 된 인수는 인형 놀이를 할 때면 어른 인형으로 아이 인형에게 이것저것 지시하고 그것을 어기면 밥을 안 주겠다고 엄포를 놓습니다. 아이 인형은 그 말을 듣지 않고, 결국 어른 인형은 아이 인형을 때립니다. 다섯 살 된 예은이는 인형 놀이를 할 때 여자 인형과 남자 인형을 항상 싸우게 합니다. 그리고 아이 인형은 무관심한 듯 가지고 놀지 않습니다.

이 아이들은 자신의 집에서 발생된 관계들을 인형에게 그대로 적용하는 것입니다. 인수의 아버지는 강압적이었고 아이가 말을 안 들으면 체벌을 심하게 했습니다. 예은이의 부모는 자주 싸웠으며, 그럴 때면 예은이는 혼자 방치됐습니다. 무심하게 방치된 아이 인형은 예은이 자신이었던 것이지요.

아이들의 놀이는 재미있고 신나는 일만을 반복하거나 상징하지 않습니다. 본인 주위에서 일어난 일, 본인이 중요하게 생각하는 대상과의 관계, 특히 가족 간의 관계를 나타내며 이를 수도 없이 반복하는 것입니다. 가족 안에서 맺어진 대인 관계의 원형이 뿌리 깊게 자리 잡기 시작한 것입니다. 그것은 아이가 앞으로 타인을 바라보는 틀이 되며, 자신을 바라보는 시각이 될 것입니다.

아이는 그런 관계가 옳은 것인지, 무언가 잘못되어 있는 것인지 알지 못합니다. 그저 그 틀 안에서 익숙해지고, 그 틀은 마음 안에서 공고해질 뿐이지요. 낯선 것에 대한 공포심을 가진 아이는 이런 대인 관계는 적어도 안전한 것이라고 믿으며 그 안에 자신을 맞춰 갑니다. 단순히 놀이에서만 패턴이 반복되는 것이 아닙니다. 자신의 마음속 깊이 자리 잡은 이 인간관계의 원형은 실제 생활이나 타인과 관계를 맺을 때 절대적인 영향을 줄 것입니다.

우리 마음속엔 여전히 어린아이가 있다

주형 씨는 몇 년 전 시작된 무기력함과 불안을 호소하며 찾아왔습니다. 3년 전 아버지가 돌아가셨지만 그리 슬퍼하지는 않았다고 하며, 그 일과 지금 증상은 연관이 없다고 했습니다. 아버지의 사망과 증상이 관계가 있을 것 같다는 의심은 들었으나, 여러 가지 가능성을 두고 면담을 위주로 한 치료를 해보기로 했습니다.

그는 항상 본인의 이야기를 한 뒤에 저를 바라보며 이렇게 묻곤 했습니다.

"선생님, 제 이야기에 기분 상하진 않으셨죠?"

저는 처음에는 별 뜻 없이 "네, 괜찮습니다"라고 대답했습니다. 하지만 수도 없이 하는 이 질문에 무언가 의미가 있다는 생각도 들었습니다. 그런 와중에도 그의 증상은 점차 좋아지고 있었습니다. 불안도 없고 기분도 좋아졌다고 했습니다. 좋아진 이유는 정확히 알 수 없었습니다. 여느 날처럼 그날도 그는 나의 기분을 물었습니다.

"제 이야기 지겹진 않으시죠?"

저는 대답 대신 그동안 주형 씨가 항상 본인 이야기 뒤에는 내 기분을 확인하려 한다고 말해 주었습니다. 그리고 다음부터는 그런 질문에 대답하지 않았습니다. 어색한 침묵의 시간이

당신의 감정에는 당신만의 사연이 있다

찾아오곤 했습니다. 침묵이 그에게 어떤 통찰을 가져오기를 기대했습니다. 그러면서 그의 증상은 다시 안 좋아졌습니다.

어느 날 그는 어릴 적 기억을 이야기했습니다. 그의 아버지는 매우 무뚝뚝한 분이었습니다.

"아버지가 어떤 기분인지 표정으론 알 수가 없었어요. 평소에는 제 이야기를 잘 들어주시지만, 이유를 알 수 없이 갑자기 화를 내실 때도 있었지요. 한번은 아버지가 화가 나신 줄 모르고 웃긴 얘기를 하다가 맞은 적도 있어요."

어린 그는 아버지에게 이런저런 이야기를 하고 나면, 그가 화가 났는지 확인을 해야 했습니다. 자신이 한 이야기가 아버지를 화나게 하진 않았는지 말이지요. 아버지가 화가 나지 않았다는 걸 확인해야 안심이 되었습니다. 아버지의 "괜찮아"라는 말은 그의 마음에 안도감을 주었습니다.

주형 씨는 저와 상담을 하면서 아버지와의 관계를 재현하고 있었던 것입니다. 제가 "괜찮습니다"라고 한 말은 그의 마음에 안정을 가져왔습니다. 몸은 컸으나 마음에는 아직도 아버지의 눈치를 보는 아이가 있었던 것입니다. 그의 치료는 자신의 마음에 있는 불안한 아이를 발견하는 것으로부터 출발할 수 있었습니다.

고통스러운 관계 패턴을 반복하는 사람들

혜정 씨는 어려서 아버지의 폭언과 신체적 학대 속에서 자랐습니다. 그녀는 성장하면서 '나는 꼭 폭력적이지 않은 남자, 자상하고 다정다감한 남자를 만날 거야'라는 신념을 갖게 되었습니다. 다행히도 실제로 그녀는 수시로 사랑한다고 말해 주는 다정다감한 남자를 만나 결혼했습니다. 그런 그녀가 나를 찾아와 털어놓은 고민은 이런 것이었습니다.

"무언가 공허해요. 외로워요. 무엇인가 채워지지가 않아요. 남편이 날 사랑하는 마음은 알겠는데, 무언가 불안해요."

그녀는 남편과 애착 관계를 잘 형성하지 못하고 있었습니다. 남편이 옆에 있지만 무언가 알 수 없이 불안하고 공허했습니다. 긍정적인 대인 관계, 보살펴 주고 칭찬해 주는 대인 관계가 너무도 낯설었던 것입니다.

실제 이런 이유로 어릴 적 학대를 받았던 상당수의 사람들은 자신도 모르는 사이에 자신을 학대하는 사람을 찾게 됩니다. 또는 무의식적으로 상대편을 자꾸 화나게 하거나 잘못을 해서 비난받는 상황을 유발하기도 합니다.

혜정 씨의 예에서 자신이 가진 배역의 출발은 어릴 적 자아상에 입각한 것임을 짐작할 수 있습니다. 또한 이 자아상은 어릴 적 부모와의 관계에서 시작됐을 가능성이 큰 것입니다.

앞서 소개한 현아 씨가 기억나시나요? 남자 친구가 떠날까 봐 두려워 자해를 하던 그녀 말입니다. 현아 씨는 일곱 살 때 부모님이 이혼을 했습니다. 그리고 아버지와 할머니 밑에서 자랐습니다. 어머니와의 애착이 단절된 것은 그녀에게 너무도 큰 고통이었습니다.

그녀는 이유 없는 자책감에 시달렸습니다. 어머니가 떠난 것이 자신의 책임으로 여겨졌습니다. 그러다가 '나는 버림받았다. 아무도 나를 끝까지 좋아하지 않을 것이다'라는 마음속 패턴을 만들어 냈습니다.

이후에 자신에게 중요한 인물들, 즉 남자 친구를 사귈 때마다 그녀의 무의식에서는 '남자 친구가 나를 버릴 것이다'라는 불안감이 솟았습니다. 그럴 때면 그 사람에게 더욱 집착하고 매달리는 양상을 보였습니다. 남자 친구가 자신을 떠날 것 같은 공포심에 그것을 막기 위해 자해를 하고 남자 친구를 애타게 찾았습니다. 하지만 그런 그녀가 부담스러워 그들은 떠났습니다. 그녀는 생각합니다. '역시 나를 사랑하는 사람은 없구나.' 이렇게 패턴은 더욱 강화됩니다.

마음은 처음 맺은 관계를 반복하려 한다

이렇듯 현재의 대인 관계를 자신의 과거 대인 관계의 원형에 투영해서 바라보는 경우는 매우 흔합니다. 아니, 정도의 차이는 있지만 모든 대인 관계는 이전 관계의 영향을 받습니다. 거부할 수 없는 관성의 법칙에 영향을 받는 것처럼 지칠 줄 모르고 패턴이 반복됩니다.

잘 생각해 보면 지금 내 주변에 있는 인물들은 나의 어릴 적 중요 인물들을 대변하고 있는 경우가 많습니다. 나도 모르는 사이에 과거 내게 중요했던 인물과 비슷한 성향의 인물을 찾기도 하고, 누군가를 그렇게 만들기도 합니다.

우리의 몸은 자랐지만, 우리의 사고와 판단, 감정은 어린 시절의 영향을 크게 받습니다. 대인 관계 패턴도 마찬가지입니다. 우리 마음속에는 어린 시절 아이가 그대로 있습니다. 아이는 아직도 모든 것이 낯설고 두려우며, 무엇이 진정 옳은 것인지 부당한 것인지를 잘 모릅니다. 그저 내가 경험해 보고 익숙한 것이 옳다고 믿습니다.

우리 마음속 아이는 지금도 인형 놀이에서 자기의 관계 원형을 반복하듯, 실제 인간관계에서도 그때를 반복하라고 명령합니다. 그것이 그 아이가 세상을 인식하는 방법이기 때문입니다. 대인 관계 패턴의 반복이란 결국 인생의 모든 것을 반복시

당신의 감정에는 당신만의 사연이 있다

킬 수 있습니다. 우리 인생의 대부분은 타인들과의 관계로 이루어져 있기 때문입니다.

　어느 순간 우리가 그렇게 부당하게 반복돼 온 내 마음의 덫을 깨닫는다 해도, 쉽게 바꾸긴 어렵습니다. 여태껏 나와 타인을 이해하던 그 방식을 포기한다는 것은 내가 지금껏 알았던 나와 이 세계를 포기하는 것과 같이 여겨지기 때문입니다. 우리는 자신에게 불행을 가져오는 것이더라도 마음에 자리 잡은 기본 프로그램을 바꾸려고 하지 않습니다.

　아이가 나 이외의 대상을 알게 되면서 처음으로 알게 되는 부모라는 존재는 너무나 거대하고 중요합니다. 부모가 없으면 죽을지도 모른다는 위태로운 상황에서 맺어지는 부모와의 첫 번째 대상관계는 아이에겐 절대적입니다. 거기서 벗어난 패턴은 불안과 공포를 유발하게 되는 것입니다.

　설령 부모와 맺은 관계 패턴이 학대와 고통을 동반한 것일지라도, 옳고 그름을 판단할 수 없는 아이는 그것을 절대적인 것으로 받아들입니다. 또한 그 안에서 부모가 준 자신의 자아상도 조금의 의심도 없이 진실로 받아들입니다. 부모에게 비난받고 맞으며 자란 아이는 그것이 고통스러웠음에도 무의식적으로는 그런 관계 패턴 안에서 안정을 찾습니다. 자신은 못났고 그래서 비난받아야 한다는 자아상을 확립합니다. 커서 다른 사람을 만날 때에도 자신을 학대하는 관계를 찾으려고 합니다. 더 나아가, 상대로 하여금 자신을 학대하게 만들기 위해 상대를 화나게 하고 조종할지도 모릅니다. 물론 무의식적으로 말입니다.

이렇듯, 어릴 적 처음 맺어진 대인 관계 패턴은 나도 모르게 내 마음 깊숙이 들어와 있습니다. 몸은 컸지만 마음속에는 어린아이가 있습니다. 그 아이는 아직도 그 시절의 대상관계 패턴을 반복하길 원하고, 어린 시절 가졌던 자기 자신에 대한 자아상을 아직도 가지고 있습니다.

그렇다면 어릴 적부터 자신에게 드리워진 이 반복되는 인생의 덫을 벗어나기 위해선 어떻게 해야 할까요? 우선은 나에게 어떤 패턴들이 반복되고 있는지 알아내는 것이 중요합니다.

누군가에게 버림받을 것 같은 두려움이 만들어 낸 실제 이별의 반복, '나는 결함이 있다'라는 믿음이 만들어 내는 실패의 반복, 누군가 옆에 없으면 혼자 해결할 수 없다고 믿으며 자신을 통제해 줄 누군가를 찾고 그로 인해 더욱 의존적이 되어 가는 상황의 반복 등등 자신에게 내려진 인생의 배역, 인생의 덫이 무엇이지 알아내는 것이 출발점이 될 것입니다.

당신의 감정에는 당신만의 사연이 있다

반복되는
인생의 덫
11가지 파악하기

앞에서 살펴본 것처럼 인생에서 내 의지와는 관계없이 반복되는 상황들이 있습니다. 이런 반복은 우리를 행복에서 멀어지게 합니다. 도식적 인지행동치료의 대가 제프리 영(Jeffrey E. Young)은 《새로운 나를 여는 열쇠》라는 책에서 이것을 '인생의 덫'이라는 말로 표현했습니다.

그는 열한 가지의 인생의 덫이 있다고 보았는데, 앞에서 살펴본 사례들도 이 열한 가지 덫 안에 속하게 될 것입니다. 이 열한 가지 인생의 덫을 살펴본 뒤에 나를 괴롭게 하는, 내가 빠져 있는 인새의 덫은 무엇인지 찾아보겠습니다.

반복되는 인생의 덫 이해하기

앞서 이야기했듯이, 원하지 않아도 내 인생을 특정 패턴으로 반복되게 만드는 덫의 기원은 어릴 적 자아상, 그리고 당시 세상을 보던 시각과 연관되어 있습니다. 몸은 어른이지만 마음속엔 아이가 있어서 어떤 패턴을 반복하고 있는 것입니다. 열한 가지 덫을 살펴보며 마음속 아이에 대해서도 관심을 가져야 합니다. 어떤 아이가 내 마음에 있는지 살펴보아야 합니다. 그래서 그 아이를 달래 주고 성장시키는 것이 덫을 벗어나는 희망이 될 수 있습니다.

1. 버림받음의 덫

어떤 사람을 좋아하게 되면 결국 버림받을 것이라고 믿습니다. 이런 믿음은 매우 강력해서 자신에게 중요한 사람이 생기면 버림받지 않기 위해 더더욱 매달리고 집착하게 됩니다. 역설적으로 그 사람은 결국 떠나 버리고 말겠지요.

이들의 반복되는 대인 관계 패턴은 다른 사람에게 지나치게 매달리거나 반대로 버림받을 일이 없도록 깊은 관계를 맺지 않는 것입니다. 자신과 가까운 사람에 대해 지나친 질투를 보이기도 합니다. 자기 외의 다른 사람에게 관심을 갖는 것은 자신을 버리려는 신호라고 받아들이기 때문입니다.

당신의 감정에는 당신만의 사연이 있다

이 유형에 속하는 마음속 아이는 이렇게 생각합니다.

- '사람들은 나를 알면 알수록 싫어할 거야. 결국은 나를 떠날 거야.'
- '내가 사랑하는 사람들은 모두 나를 떠나갔어.'
- '내 마음을 열고 마음을 주면 상대는 나에게 더 큰 상처를 줄 거야.'

2. 불신과 학대의 덫

다른 사람들이 나를 속이고 해치거나 학대하려 한다는 강력한 믿음 아래 행동하고 관계를 맺습니다. 다른 사람과의 관계에서 믿음이 존재하지 않으며 언제나 상대를 불신합니다. 타인이 자신에게 어느 선 이상으로 접근하도록 허용하지 않습니다. 이들의 부모는 일관성 있는 태도를 보여 주지 못했고, 신체적 학대나 언어적 폭력 등을 통해 사람에 대한 기본적인 불신감을 심어 놓았을 것입니다.

이 유형에 속하는 마음속 아이는 이렇게 생각합니다.

- '다른 사람들은 언제나 나를 이용하려고 해.'
- '그 누구도 믿을 수가 없어.'

3. 의존의 덫

다른 사람의 도움이나 결정 없이는 스스로 살아갈 수 없다고 믿습니다. 누군가 주도적인 사람을 찾아다니며, 본인은 움츠러드는 관계 패턴이 반복될 것입니다. 부모는 아이에게 세상은 위험하고, 혼자 지내기엔 무서운 곳이라는 메시지를 전달했을 것입니다.

이 유형에 속하는 마음속 아이는 이렇게 생각합니다.

- '나는 혼자서는 아무것도 할 수 없어.'
- '부모님이 결정을 해 주어야 해.'

4. 취약성의 덫

세상에는 안전한 곳이 없으며 언제 어떤 일이 발생할지 모른다는 두려움이 있습니다. 자연재해, 범죄, 질병 등이 언제나 발생할 수 있다는 공포 속에서 생활합니다. 사람이 많은 공공장소에 가지 못할 수도 있고, 사회적인 생활에 치명적인 한계가 발생하게 됩니다.

어린 시절 세상에 대한 두려움을 부모와 공유했을 가능성이 있습니다. 자신이 집에 있을 때 안심하는 부모를 보며 취약성에 대한 자아상을 키웠을 것입니다.

이 유형에 속하는 마음속 아이는 이렇게 생각합니다.

- '세상은 위험한 곳이야. 엄마 말대로 집에서 안전하게 있어야만 해.'
- '내가 위험에 노출되면, 난 아무것도 할 수가 없어.'

5. 정서적 박탈의 덫

학대도 없고 사랑도 없는 부모의 애정과 관심이 결핍된 경우에 발생합니다. 사랑을 받아도 사랑받는 것에 대해 잘 느끼지 못하고 항상 공허합니다. 대인 관계에서도 교감하지 못하며 항상 외로움을 느낍니다.

어린 시절 부모는 아이에게 별 관심을 갖지 않았고, 따라서 아이는 가정에 속해 있었지만 거의 혼자 방치된 듯 자랐을 것입니다. 부모에게 잘 보이기 위해 한 행동도 우수한 시험 성적표도 부모에게 별다른 정서적인 반응을 이끌어 내지 못했을 것입니다. 대인 관계에서 사랑을 잘 받지도, 잘 주지도 못하는 패턴이 반복됩니다.

이 유형에 속하는 마음속 아이는 이렇게 생각합니다.

- '엄마, 나에게도 관심을 가져 주세요.'
- '나는 언제나 부모님의 관심 밖이야.'

6. 사회적 소외의 덫

나는 남들과 다르고 열등해서 배척될 것이라는 생각으로 사회생활이나 단체 생활에 끼지 않습니다. 함께 어울리는 자리는 무슨 수를 써서라도 피합니다. 속으로는 어울리고 싶은 마음이 간절하나 거부당할까 봐 용기를 내지 못합니다. 어린 시절 부모에게 거부당했던 경험을 재현하고 있는 것입니다.

이 유형에 속하는 마음속 아이는 이렇게 생각합니다.

- '나는 남들과 달라.'
- '친구들은 나를 다르다고 생각할 거야.'
- '친구들은 내가 끼는 것을 원하지 않아.'

7. 결함의 덫

나에게 결함이 있어 결국은 사랑받을 수 없고 인정받을 수 없을 것이라는 확신을 갖고 있습니다. 어떤 일을 하다가도 쉽게 포기하며, 대인 관계에서도 자신감이 없습니다.

또한, 문제 발생 시 자신의 문제로 자책합니다. 가족에게 존중받지 못하고 문제들을 지적받고 비난받으며 자랐습니다. 스스로를 잘못된 사람이라고 인식합니다.

이 유형에 속하는 마음속 아이는 이렇게 생각합니다.

- '나는 못된 아이야.'
- '나는 문제아야.'

8. 실패의 덫

나는 무언가 성과를 낼 수 없고, 제대로 해낼 수 없을 것이라는 믿음이 있습니다. 자신의 자아상을 유지하기 위해 무의식 중에 실패를 과장하거나 유발하기도 합니다. 어릴 적 다른 형제들보다 열등하다고 느꼈을 것입니다. 또는 실패를 할 때만 부모가 혼을 내거나, 잘하라고 격려하는 등 더 큰 관심을 보였을 수 있습니다.

이 유형에 속하는 마음속 아이는 이렇게 생각합니다.

- '결국 나는 실패할 거야.'
- '내가 잘못되고 실패를 하면 부모님이 관심을 가져 줄지 몰라.'

9. 종속 혹은 복종의 덫

남의 욕구를 위해 자신을 희생합니다. 언제나 희생의 주인 공이 되는 경우가 많습니다. 자신의 욕구와 만족보다는 타인의 욕구 만족을 위해 행동합니다. 무의식적으로 남들이 자신을 조종하도록 허용합니다. 이기적인 사람만을 만나 고생하다

헤어지곤 또 다시 착취적이고 이기적인 사람을 만나는 패턴이 반복될 수 있습니다.

어린 시절 자신이 원하는 것을 요구했다가 혼나거나 철저히 무시한 경험이 있고, 부모가 처벌을 강하게 했을 수도 있습니다. 부모가 원하는 대로 무조건 따랐을 때 인정받았을 것입니다. 잘못을 하거나 자기 욕심을 부리면 남에게 실망을 준다고 믿습니다.

이 유형에 속하는 마음속 아이는 이렇게 생각합니다.

- '부모님이 하라는 대로 해야 해, 그게 부모님을 만족시켜 드리는 거야.'
- '내가 희생해서 부모님이 기분 좋아지시면, 날 더 사랑해 주실 거야.'
- '엄마의 행복이 내 행복이야.'

10. 가혹한 기준의 덫

스스로 정해 놓은 높은 기준을 이루기 위해 처절하게 노력합니다. 남들이 보는 성공도 자신에게는 만족을 주지 못합니다. 무엇이든 최고가 되어야 한다는 기준을 타인에게도 제시하기 때문에 대인 관계가 잘 유지되기 어렵습니다. 남들에겐 그저 까다롭고 깐깐한 인물로 비칠 것입니다.

어릴 적 부모는 아이에게 언제나 최고가 되기만을 기대했을 것입니다. 적당히 잘하는 것은 그들의 관심이나 애정을 끌지 못했습니다. 부모는 늘 "아직도 부족해"라고 이야기했고, 그 높은 기준을 여전히 자기 스스로에게 제시합니다.

이 유형에 속하는 마음속 아이는 이렇게 생각합니다.

- '이 정도로는 만족할 수 없어.'
- '나는 100점을 맞아야지만 부모님이 좋아하실 거야.'
- '내가 완벽하지 못하다는 것은 곧 실패했다는 뜻이야.'

11. 특권 의식의 덫

현실적인 한계를 인정하지 않고 과도한 대접을 바랍니다. 자신이 특별하다고 여기며 상대편에게 무례한 요구를 스스럼없이 하기도 합니다. 자기 규제력이 약합니다. 그래서 진실한 친구도 없고, 사회적으로 성공하기도 쉽지 않습니다. 그런 상황에서 세상이 왜 나만 안 도와주느냐며 억울하다는 불만을 반복할 것입니다.

부모는 아이를 어떤 규칙이나 통제 없이 버릇없이 키웠을 가능성이 있습니다. 마음속엔 집에서 왕 대접을 받던 아이가 있습니다.

이 유형에 속하는 마음속 아이는 이렇게 생각합니다.

- '나는 무엇을 해도 되는 이 집안의 왕자야.'
- '부모님이 나를 위해서 희생하시는 것은 당연해, 난 소중한 자식이니까.'

인생의 덫에 대처하는 잘못된 방식

같은 덫에 빠진다고 같은 양상으로 나타나지는 않습니다. 같은 주제의 덫이라도 개개인에 따라서 수많은 형태의 모습을 지닙니다. 하지만 크게 보면 인생의 덫에 빠졌을 때 행동하는 방식은 다음 세 가지의 조합임을 알 수 있습니다.

1. 굴복

반복되는 덫에 굴복하게 되면 그런 환경에 저항 없이 몸을 내맡깁니다. 자신을 학대하는 상황에 대해 순순히 받아들입니다. 그런 상황 속에서 무의식적으로 편안함을 느끼고, 나아가 그것을 유발하기도 합니다. 그저 어린 시절의 환경을 반복하는 것입니다. 그야말로 자신에게 주어진 배역을 충실히 수행하는 배우와 같습니다.

예를 들어 결함의 덫에 굴복하게 되면 자신은 문제가 있고, 결함이 있다는 것을 저항 없이 받아들입니다. 버림받음의 덫

당신의 감정에는 당신만의 사연이 있다

에 굴복하면, 매달리다 그가 떠나갔을 때 '나를 받아들이는 사람은 없구나' 하며 주어진 덫을 인정합니다.

2. 회피

사회적 소외의 덫에 빠진 경우라면, 그는 사람들 사이에서 소외되고 무시당한 과거 경험이 있었을 것입니다. 하지만 그는 이제 더 이상 그것을 그냥 반복하진 않습니다. 대신 소외될 수 있는 장소나 만남을 모두 피합니다. 소외될 때 느껴지는 불쾌함, 수치심, 불안, 분노 등을 피하기 위해 회피를 택한 것입니다. 일단 그런 불쾌한 기분에서 벗어날 수는 있습니다. 더 이상 상처받지 않을 거라고 느낍니다.

하지만 이 회피하는 패턴 역시 기존에 있던 패턴의 또 다른 이름일 뿐입니다. 그는 사회생활도, 대인 관계도 제대로 할 수 없게 됩니다. 덫에 빠진 사람이 가장 흔하게 택하는 것이 바로 이 회피입니다. 버림받음의 덫에 빠진 사람은 아예 사람을 안 만나고 자신의 마음을 보여 주지 않을 수도 있습니다. 하지만 도피만 해서는 절대 덫에서 벗어날 수 없습니다.

3. 반격

자신의 덫을 벗어나기 위해 반대 방향으로 과도하게 연기하는 것입니다. 버림받는 것을 두려워하는 사람은 그런 일을 당하기 전에 미리 자신이 상대에게 이별을 통보합니다. 그러고 는 애써 자신은 버림받지 않았다고 자위합니다. 종속의 덫에 빠진 사람은 그것을 인정하지 않기 위해 일부러 모든 일을 혼 자서 하려고 합니다. 다른 사람의 의견은 전혀 듣지 않습니다. 병이 나거나 심하게 아픈 경우에도 끝내 주위에 도움을 청하 지 않습니다.

이런 반격은 본인은 어떻게든 보호할지 모르지만, 실제로는 주위 사람에게 상처를 주게 됩니다. 자신도 진정한 마음의 평 화와 안도감을 찾을 수 없습니다. 이 또한 덫에서 벗어나지 못 하고 있는 것입니다.

우리는 어떤 덫에 대하여 상황에 따라 굴복, 회피, 반격을 번 갈아 가며, 또는 동시에 사용하기도 합니다. 하지만 이런 방법 으로는 결코 반복이라는 덫에서 벗어날 수 없습니다.

인생의 덫에서 완전히 벗어나기 위해서는 우선 나에게 있는 덫을 이해하고 인정해야 합니다. 그리고 그 기원이 어려서부 터 시작된 것임을 알아야 합니다. 아직도 마음속엔 어린 시절 의 아이가 있음을 알아야 합니다. 그 아이에게 말을 걸고, 위 로해 주고, 안아 주세요. 마음속의 아이가 힘을 가지게 되고 성장할 때 우리는 덫에서 벗어날 희망을 얻게 됩니다.

당신의 감정에는 당신만의 사연이 있다

내 마음속 아이와 대화하기

어떤 감정이나 불행이 반복된다고 생각될 때, 그것이 시작된 기원을 찾아가 보려는 노력이 필요합니다. 내 마음속 아이를 만나 대화해 보는 것입니다. 우선 자신의 덫과 관련 있는 어릴 적 기억을 찾아봐야 합니다. 이 과정은 뒤에 나오는 '내 인생의 덫 검색하기'에서 자세히 설명하겠습니다.

기억을 찾아내셨다면 그때의 자신의 모습을 떠올려 보세요. 자신이 그 아이 옆에 있다고 상상하세요. 그 아이와 대화를 하는 겁니다. 버림받을까 봐 불안해서 울고 있는 아이가 있나요? 혹은 학대받아 자신을 나쁘다고 여기는 아이가 있나요? 그 아이에게 말을 하세요. 천천히 부드러운 목소리로, 부모가 아이를 달래듯 이야기해 주세요. 보다 넓은 성인의 시각을 가지고 아이에게 이야기하세요.

- "네 잘못이 아니야."
- "괜찮아 내가 옆에 있어 줄게."
- "그런 일이 있으면 누구나 너처럼 겁먹는 건 당연한 거란다."
- "그건 부모님이 심하게 한 거야. 누구나 실수할 때는 있단다."

• "세상이 무조건 위험한 곳만은 아냐."

　자신의 마음에서 울고 있는 아이를 위로해 주고 대화를 나누세요. 뭐라고 해야 할지 어려워하지 마세요. 자신의 기억을 생생히 떠올리고 그 옆에 성인이 된 자신이 있다고 상상하세요. 무슨 이야기든 나누세요. 정 나눌 말이 없으면, 그저 안아 주어도 좋습니다. 그 아이를 혼자 내버려 두진 마세요. 그동안 따로 떨어져 그 시절에 있었던 당신의 마음속 일부분은 현재의 당신과 소통할 것입니다. 그저 솔직하게 그때의 나와 대면하면 됩니다. 해 주고 싶은 말은 저절로 나올 것입니다.

　마음속 아이가 위로받고 성장하면 덫과 대면할 수 있는 용기가 생겨날 것입니다. 사람들이 나를 속이려고만 하진 않는다는 것을 새로 알게 될 수 있으며, 다른 사람들도 나를 진정 위해 주고 사랑해 줄 수 있음을 알 수도 있습니다.

　하지만 마음속 아이와의 대화만으로 모든 것이 해결되지는 않습니다. 그동안의 내 생각이 틀렸다는 증거를 찾아야 합니다. 자신은 결점이 많고 남들이 좋아하지 않을 거라고 믿는다면, 실제로 객관적인 자료를 모아 봅니다. 대부분의 경우 자신에 대해 너무나 주관적으로 평가해 왔음을 알 수 있을 것입니다. 오히려 자신에게 장점이 많고, 자신 주위엔 좋은 사람도 많다는 증거를 찾게 될 수 있습니다.

이렇듯 덫에 저항할 수 있는 실제 증거를 찾아내는 것입니다. 어릴 적 갖게 된 자아상과 세상을 보는 시각을 불변의 진리인 듯 받아들이는 태도에서 벗어나야 합니다. 잘못된 자아상이나 선입견, 정보 등이 있다면 그것을 바꾸어야 합니다. 그 작업이 덫에서 벗어나는 길입니다.

그러나 이것 또한 매우 어렵습니다. 그저 머리로 이해한다고 바뀌지가 않습니다. 수십 년 동안 지속되어 온 기억과 자아상은 지식만으로는 바뀌지 않습니다. 무언가 감정이 동반되어야 하며, 마음으로 느낄 때 비로소 변화할 수 있습니다. 다음 글에선 이 작업에 대해 알아보겠습니다.

칭찬으로 모든 것을 해결할 수는 없다

신문이나 인터넷 기사를 보면 가족 간의 불화와 갈등으로 고통스러운 나날을 보내는 사람들이 너무도 많습니다. 가만히 생각해 보면 저에게 오는 환자들도 친구 사이 문제, 회사 동료와의 문제 등으로 병원을 찾는 경우보다 가족 간의 갈등에서 생기는 서운함, 죄책감, 분노 등이 문제인 경우가 훨씬 많았습니다.

보통 가족과 문제가 생겼을 때 우리는 "가족끼리는 싸운 뒤라도 진심으로 미안하다고 표현하면 다 해결된다", "먼저 미안하다고 말해 봐라. 그러면 상대도 마음을 열 것이다"와 같은 식으로 많이 말합니다. 하지만 정말 그럴까요?

20대 중반의 희재 씨는 아버지를 향한 미움과 분노를 어떻게 해야 할지 모르겠다며 찾아왔습니다. 그녀의 아버지는 어려서부터 딸에게 기대가 컸습니다. 평범한 대학을 졸업한 희재 씨는 이후 작은 기업에 다니며 나름대로 잘 지내고 있었는데, 아버지는 그런 딸을 마음에 차지 않아 했지요. 조금 더 큰 꿈을 가지고 노력해 주길 바란 것입니다.

아버지는 희재 씨에게 미국으로 유학을 가라고 계속 요구했고, 딸이 자신의 뜻대로 따라주지 않자 그것밖에 안 되냐며 화를 냈습니다. 희재 씨 또한 유학을 가기 싫다며 고집을 꺾지 않았기에 결국 유학 건은 취소되었습니다. 그 후 그녀는 집을 나와 자취를 하며 회사에 다니기 시작했고, 아버지와 연락도 끊고 지냈습니다. 희재 씨는 아버지에 대한 서운함과 미움, 또 한편으로는 아버지의 기대를 저버린 죄책감으로 혼자 힘들어하다 병원을 찾아온 것이었습니다.

치료를 시작한 지 몇 주가 지난 뒤, 그녀는 자신이 많이 좋아진 것 같다고 했습니다. 그동안 연락을 피하던 아버지에게 전화해 죄송하다고 사과하고 싶다고 했습니다.

"아버지도 저를 위해서 그런 걸 알아요. 자식이 아버지를 이 해하고 먼저 고개를 숙이는 게 맞는 것 같기도 하고요. 용기를 내어 아버지에게 사과를 하고 싶네요."

이후 어렵게 아버지와 통화를 한 희재 씨는 아버지 또한 미 안하다고 하며 유학 이야기는 더 이상 꺼내지 않겠다는 약속 을 했다고 말했습니다. 그렇게 다시 집으로 들어가 지내게 된 희재 씨는 한동안 병원에 오지 않았습니다. 하지만 몇 달이 더 흐른 뒤, 그녀는 다시 병원을 찾았습니다.

"아버지와 표면적으로는 잘 지내요. 그리고 이런저런 다툼 이 있고 나면 용기를 내서 제가 먼저 사과하기도 하고요. 이전 처럼 아버지와 싸운 채로 있기 싫고, 아버지의 마음도 이해를 못하는 건 아니거든요. 제가 먼저 사과를 하면 아버지도 잘못 했다고 인정하세요. 그런데 선생님, 가끔 아버지에 대한 알 수 없는 미움과 서운함이 올라와서 견디기가 힘들어요."

무엇이 문제일까요? 본래 사과라는 것은 서로의 마음을 열 어 주고, 상대 또한 미안한 마음이 들게 해 갈등을 해소하게 돕습니다. 다툰 뒤에 먼저 건네는 사과 한마디는 정말 큰 힘을 발휘하기도 하지요. 하지만 단순한 사과만으로는 부족합니다. 특히 가족의 경우에는 더욱 그렇습니다.

조금 다른 시각으로 보면, 사과는 자신에게 부정적인 감정 을 유발하는 행위입니다. 스스로 잘못했다고 인정하는 것이니 자신감이나 만족감과는 거리가 있지요. 반복되는 사과는 자신도 모르는 사이에 '가족인데 그 정도도 이해 못하나?', '가족인데 왜 항상 내가 굽혀야 하지?'라는 은밀한 분노를 그림자처럼 가지고 오게 됩니다. 희재 씨 또한 이런 경우였습니다. 사과를 할 때 마다 '왜 내가 이렇게까지 해야 하지?'라는 분노가 무의식에 쌓인 것입니다.

우리가 가족에게 진정으로 바라는 것은 인정과 존중입니다. 즉, 상대의 따뜻한 관심을 원하는 것이지요. 그러므로 사과는 하는 쪽도, 받는 쪽도 만족스럽지 않게 됩니다. 사과보다는 관심과 인정을 받고 싶기 때문이지요. 그럼 가족 간에 갈등이 있을 때는 대체 어떻게 해야 하는 걸까요?

이럴 때 진정으로 필요한 것은 바로 '칭찬'입니다. 칭찬은 자신에게 부정적인 감정을 유발하지 않으면서 상대를 기쁘게 만들어 줍니다. 또한 나의 칭찬은 상대의 칭찬도 부르기 때문에 서로를 칭찬하게 되고 두 사람 모두의 자존감이 올라가는 것입니다.

서로 인정하고 인정받는 분위기는 건강한 가족관계의 버팀목이 되어 줍니다. 저는 희재 씨에게 아버지의 작은 점이라도 찾아서 칭찬해 주라고 말했습니다. 희재 씨 역시 사소한 것이라도 찾아서 열심히 칭찬하려 노력했습니다. 큰 뜻 없이 한 칭

당신의 감정에는 당신만의 사연이 있다

찬들이 모이자 그녀의 내면에서는 아버지의 장점이 진짜인 것처럼 느껴지기도 했습니다. 이런 분위기가 형성되자 희재 씨의 아버지 또한 그녀를 칭찬하기 시작했습니다. 그 과정 속에서 이유를 알 수 없던 아버지를 향한 분노는 점차 작아지고 있었습니다.

소중한 관계에서 사과는 정말 중요합니다. 필요한 순간에는 반드시 해야만 하지요. 하지만 그보다 더 중요한 것은, 평상시에 틈나는 대로 하는 칭찬입니다. 가족 간의 칭찬이야말로 자신과 상대방 모두의 자존감을 키우고 기분을 좋게 만드는 최고의 마법입니다.

스스로 나를
인정할 수
있어야 한다

앞에서 설명한 대로 과거의 어린 당신과 소통하셨나요? 그 아이를 안아 주고 위로해 주셨나요? 자신에게 해당되는 덫을 발견하고 그것이 유발된 과거의 부당한 사건을 찾는 것이 우선입니다. 그리고 나서 소통하는 것입니다. 하지만 우리가 머리로는 이해하고 무언가 잘못됐음을 알았어도, 실제 그 부당한 상황을 바꾸려면 무엇인가 더 필요합니다.

덫과 연관된 기억은 여러 가지 감정들을 담고 있습니다. 평소에는 꽁꽁 숨어 있지만 그때를 연상하게 하는 상황이나 관계에 놓였을 때에는 그 감정이 불현듯 튀어나옵니다. 그것은 너무도 강렬해서 우리가 이전과 다른 행동이나 생각을 할 수 없도록 묶어 버립니다. 그리하여 우리는 과거의 행동을 다시 반복하게 됩니다. 그럴 필요가 없는 줄 알면서도 막상 그 상황에서는 거대한 감정의 힘에 굴복하고 맙니다.

덫을 유발한 기억들은 다른 기억들과는 동떨어져 있습니다. 마치 위험 표시가 된 물건들처럼 다른 창고에 보관되어 있는 것이지요. 어떤 이성적 사고도 접근하기 어렵습니다. 어린 시절 많은 놀림을 받았고, 가족에게도 인정받지 못했던 남자분이 찾아왔습니다. 현재 그는 능력도 있고 회사에서 인정도 받고 있습니다. 하지만 그런 인정은 자신에겐 와 닿지 않습니다.

지금도 자신에겐 큰 결함이 있다는 생각으로 괴로워하며, 대인 관계를 회피합니다. 우리가 옆에서 이런 그를 본다면 너무나 의아하고 답답할 것입니다. '도대체 왜 현실의 좋은 점들은 고려하지 않는 걸까?' 하고 말이지요.

덫을 형성하는 과거 기억들은 현재의 상황이나 다른 좋은 기억들과 섞이지 않고 따로 있다가 큰 영향력을 발휘합니다. 과거에 얽매인 분들을 보면 '현재의 자신을 객관적으로 볼 수 있다면 좋을 텐데', '지금의 상황은 많이 달라졌다는 것을 알면 좋을 텐데' 하는 생각이 듭니다.

하지만 그들과 면담해 보면 그들도 그 사실을 알고 있습니다. 머리로는 알고 있지만 막상 그 상황이 되면 객관적인 생각은 너무나 초라하게 힘을 잃어버립니다. 무언가 감정적인 걸림돌이 있는 듯하며, 단순히 아는 것 이외의 어떤 내부적인 변화가 더 필요해 보입니다. 그저 머리로 아는 것과는 다르게 마음으로 인정해야 하는 것입니다.

덫을 극복하기 위해서는 과거의 내 모습과 그 덫에 대해서 인정하고 받아들여야 합니다. 자신이 용납할 수 없었던 기억, 수치스러운 기억, 부정적 자아상을 회피하거나 부정하지 않고 먼저 인정해 줘야 하는 것입니다. 어떤 기억을 인정하고 받아들인다는 것은 다락방에 꽁꽁 숨겨 놓았던 기억과 감정을 다른 기억들이 있는 방으로 옮기는 것과 같습니다. 그러면 저절로 긍정적인 기억들, 반대되는 기억들과 융합되어 그 힘을 잃게 될 것입니다. 생각해 보면 우리에게는 그것을 극복할 힘과 기억들, 주변 자원들이 있습니다. 관건은 나쁜 기억을 다락방에서 꺼내 좋은 기억, 객관적 상황들과 섞이게 하는 것입니다.

과거의 나를 위로하고 받아들이자

앞에서 우리는 자신이 빠져 있는 덫이 무엇인지 살펴보고, 자신의 마음속에 있는 아이와 소통하며 덫과 관련된 어떤 기억을 찾을 수 있었습니다. 그렇다면 이번에는 그 기억과, 거기

당신의 감정에는 당신만의 사연이 있다

에 따른 자신의 자아상, 드러내고 싶지 않았던 자신의 모습을 인정하고 받아들일 차례인 것입니다. 숨어 있던 나쁜 기억들을 다락방에서 꺼내는 것입니다. 이 방법을 '나를 인정하기'라고 부르겠습니다.

1. 나를 인정하는 첫 번째 방법: 대응 문장 만들기

여러 가지 형식이 있을 수 있겠지만, 아래 두 문장을 추천합니다.

- 나는 비록 ~이지만, 그래도 나는 나를 사랑하고 받아들입니다.
- 나는 비록 ~했지만, 당시 나는 어렸고 다른 방법이 없었습니다.

가령 앞서 소개한 현아 씨는 일곱 살 때 부모님이 이혼한 이후, 마음속에 자신이 잘못해서 엄마가 떠났다는 자책감과 '결국은 버림받았다', '아무도 나를 끝까지 좋아하지 않을 것이다'라는 자아상이 마음속에 있었습니다. 현아 씨는 면담을 통해 이런 생각이 본인에게 오랫동안 있어 왔다는 것을 알았고, 그것이 부당한 생각이란 것도 이해했습니다. 그녀는 과거의 기억을 떠올리며, 마음 안에 있는 아이에게 말해 주었습니다.

- "괜찮아. 그건 네 잘못이 아니야."
- "외로워 마. 이젠 내가 옆에 있어 줄게."

그런 소통을 통해 내부의 아이는 슬픔을 극복하는 힘을 얻어 갔습니다. 그럼에도 아직 무언가 부족한 것이 있었습니다. 내부의 아이를 위로해 주는 성인이 된 현아 씨 역시 자신의 모습을 아직도 수치스러워하고 받아들이지 못했던 것입니다. 아이와 같이 울어 줄 수는 있었지만, 자신에게 일어난 일과 수치스럽고 상처받은 감정까지 온전히 받아들이기는 어려웠습니다. 그녀에겐 '나를 인정하기'가 필요했습니다. 그녀가 만든 대응 문장입니다.

- '나는 비록 부모의 사랑을 받진 못했지만, 그래도 나는 나를 사랑하고 받아들입니다.'
- '나는 이혼하는 부모를 막을 수 없었지만, 나는 어렸고 다른 방법이 없었습니다.'

한 가지 예를 더 들어 보겠습니다. 어려서부터 가족들 사이에서 정서적 소외감을 느꼈고, 무언가 자신에게 결함이 있다는 생각을 가졌던 현진 씨는 중고등학교 시절에도 소위 '왕따'로 지냈습니다. 그녀는 부모에게 거부당한 경험을 반복하고

당신의 감정에는 당신만의 사연이 있다

있었습니다. 사회적 소외의 덫이 작동하고 있었지요. 그녀가
사용한 대응 문장은 이렇습니다.

- '나는 비록 부모의 인정을 받진 못했지만, 나는 어렸고 다
  른 방법이 없었습니다.'
- '나는 친구들에게 대접받지 못했고 무시당했지만, 그래
  도 나는 나를 사랑하고 받아들입니다.'

이런 식으로 본인에게 맞는 대응 문장을 만듭니다. 내용이
구체적이면 더욱 좋습니다. 부모가 아이에게 위로의 말을 건
네듯 내가 나에게 말해 줄 대응 문장을 만드는 것입니다.

2. 나를 인정하는 두 번째 방법: 대응 문장 소리 내어 이야기 하기

굳이 큰 소리로 할 필요는 없습니다. 따뜻하고 차분한 어조
로 본인에게 이야기해 줍니다. 단, 속으로만 하지 말고 반드시
소리를 내어 하셔야 합니다.

- "나는 비록 부모의 사랑을 받진 못했지만, 그래도 나는
  나를 사랑하고 받아들입니다."
- "나는 이혼하는 부모를 막을 수 없었지만, 나는 어렸고

다른 방법이 없었습니다."

여러 차례 반복합니다. 기분이 한결 나아질 겁니다. 하루 중에 자신을 위로하고 받아들일 시간을 정하세요. 익숙해지면 하루 10~20분이면 됩니다. 매일매일 정해진 시간, 정해진 장소에서 수행합니다. 단번에 되지는 않습니다. 아마 반복되는 덫에 대한 기억은 많이 있을 것입니다. 각 기억들을 떠올리면서 하나하나 대응 문장을 만들고, 그 기억을 받아들이세요. 외면하고 그저 닫아 두었던 다락방에서 기억을 꺼내세요. 그것을 옮겨 다른 기억들, 자신이 가지고 있는 장점들과 섞이게 하세요. 자신 안에 스스로도 몰랐던 치유의 힘이 있음을 알게 되실 겁니다.

이런 과정에서 이전의 기억에 대해 서러운 감정, 억울한 감정이 들 수도 있습니다. 자신이 너무나 불쌍하고 초라해 보일 수도 있습니다. 마음 속 아이가 감정을 해소하는 것입니다. 마음 안에서 아이가 울게 하세요. 소리 내서 울어도 괜찮습니다. 마음이 아플 땐 아이처럼 우는 것도 좋습니다.

당신의 감정에는 당신만의 사연이 있다

내가 내 편이
되어 주려면
어떻게 해야 할까?

우리를 지배하던 덫은 강력한 적입니다. 나를 인정하기에 성공했다고 해서 순순히 물러가진 않습니다. 자신을 받아들일 수 있게 되었지만, 아직도 과거의 기억과 덫은 강렬한 감정을 동반하고 있을 것입니다. 이 감정을 녹이고 없앨 수 있다면 그 반복되는 덫은 훨씬 다루기 쉬워질 것입니다. 사실 덫이 우리에게 이토록 강력한 영향력을 줄 수 있는 것은 거기에 동반된 감정들 때문입니다.

잠시, 덫을 극복하기 위한 지금까지의 단계를 정리해 보겠습니다.

1. 덫에 관련된 기억들, 반복되는 문제들을 인지적으로 이해하고 직면합니다.
2. 그 이후에는 '나를 인정하기'를 통해 그것을 인정하고 받아들임으로써 다른 긍정적인 기억, 자신이 가진 긍정적인 자원들과 섞이게 합니다.
3. 마지막으로 그 기억에 붙어 있는 감정적인 요소를 벗겨냅니다.

이제 세 번째 단계에 해당되는 작업을 '나를 변호하기'라고 부르겠습니다.

분노와 슬픔, 억울함, 공격성 등은 불쾌한 감정들로 분류됩니다. 그것들은 가능한 한 우리에게 나타나지 않았으면 하고 바라는 것들입니다. 시중에는 이런 불쾌한 감정을 무작정 없애기 위한 책들도 많습니다.

하지만 이런 불쾌한 감정은 우리에게 큰 역할을 수행합니다. 그런 감정들 없이는 우리에게 일어난 부당한 처사에 대해 저항하지 못할 것입니다. 슬픔은 무언가 내게 잘못이 일어났다고 느끼게 해 주며, 분노와 공격성은 그것을 극복하고 반박하게 해 줍니다.

이런 감정들은 우리를 보호하고 부당함에 맞서 싸우게 해 줄 때 진정 가치 있는 것입니다. 그 감정들이 우리에게 있는 이유는 바로 그 때문입니다. 그것들을 잘 사용하면 많은 것을 변화시킬 수 있습니다. 그런 불쾌하고 격한 감정의 에너지를 사용하는 방법이 나를 변호하기입니다.

'양초 학설'이란 것이 있습니다. 우리가 어떤 경험을 하면서 생긴 공포심, 분노, 서러움, 죄책감 등은 발생하는 당시 불에 녹은 양초처럼 움직이다가 격한 감정 상태가 지나가고 나면 그 기억에 붙어 버립니다. 마치 열을 가하면 녹았다가 곧 굳어 버리는 양초와 비슷합니다. 격한 감정은 굳어 버린 양초처럼 기억에 붙어 있습니다. 그래서 양초 학설입니다.

굳어 버린 감정은 기억에 붙어 함께 움직이며, 그 기억에 강력한 힘을 줍니다. 즉, 그 상황을 생각하면 함께 따라와 당시의 감정을 생생하게 느끼게 하고, 우리를 마치 다시 그때의 어린아이가 된 것처럼 무기력하게 만듭니다. 이렇게 굳어 버린 감정은 쉽게 떨어지지 않고 잘 바뀌지 않습니다.

기억에 붙어 있는 감정의 찌꺼기들을 떼어 내고 바꾸려면 다시 녹여야 합니다. 열을 가해야 하는 것입니다. 그 열이란 격한 감정 상태입니다. 당시에 느꼈던 감정에 해당하는 만큼 열을 가해야 합니다. 격한 감정 상태가 되어야 합니다.

나를 괴롭히는 기억에 분노로 대항하기

한 가지 예를 살펴보겠습니다. 지경 씨는 과거 본인의 실수에 대해서 반복적으로 생각하며 괴로워했습니다. 어릴 적 실수를 할 때면 보였던 가족들의 태도가 떠올랐습니다. 부모의 차가운 눈빛은 '나는 문제아고, 결점투성이야'라는 자아상을 심어 놓았습니다.

초등학교 2학년 때, 어머니가 어린 지경 씨와 함께 학교를 가다가 그만 넘어져서 다리가 골절되는 일이 있었습니다. 어머니가 병원에 입원해 있는 동안 오빠와 아버지는 "네 일로 학교에 가지만 않았어도 이렇게 다치지는 않았을 텐데"라는 말을 했습니다. 물론 큰 의미 없이 한 말들이었을 테지만, 지경 씨에겐 가장 괴로운 기억이 되었습니다. 그 말은 모든 책임을 그녀에게 전가해 버린 것과 같았습니다. 그녀에겐 결함의 덫이 작동하기 시작했습니다.

면담을 통해 지경 씨는 자신에게 부당한 굴레가 씌워져 있음을 알았습니다. '나를 인정하기'를 통해 자신을 그대로 받아들이는 연습을 했습니다. 마음속 아이와 대화를 하며 자신을 위로했고 당시에는 어쩔 수 없었던 일이었음을 이해했습니다. 하지만 무언가 부족했습니다. 그때의 기억을 떠올릴 때면, 이성적으로는 본인의 책임이 아닌 것을 알았지만 죄책감은 없어지

당신의 감정에는 당신만의 사연이 있다

지 않았습니다. 기억에 붙어 있는 감정이란 찌꺼기를 녹일 필요가 있었습니다. 지경 씨는 '나를 변호하기'가 필요했습니다.

1. 나를 변호하는 첫 번째 방법: 자신에게 해 줄 말 정하기

자신을 괴롭혔던 과거의 기억들에 대해 자신을 변호하는 문장을 만듭니다. 앞의 '나를 인정하기'에서 마음속 아이에게 들려줬던 말들을 변형하면 됩니다. 단, 자신을 대변하고 보호하듯 강경한 어조의 문장을 만듭니다. 지경 씨는 다음과 같이 정했습니다.

- '그때 난 너무 어렸어. 그건 내 잘못이 아니야.'
- '가족들은 어린 나를 보호해 주지 못했어. 난 피해자이고 가족의 잘못된 태도에 상처받았어.'

그 외에 이런 문장도 가능할 것입니다.

- '부모님은 나를 사랑하긴 했지만, 그들의 방법은 잘못된 것이 많았어.'
- '어린 내가 그런 대접을 받다니, 너무나 억울하고 화가 나.'
- '사람들이 나를 떠나는 것은 내 잘못이 아니야. 그 사람에게 나 역시 많은 상처를 받았어.'

- '누구나 결점이 있어. 왜 나에게만 이런 부당한 대우를 하는 거야.'

무엇보다 중요한 것은 가엾은 본인을 대변하는 인권변호사가 되어 강력한 구호를 만들어 내는 것입니다.

2. 나를 변호하는 두 번째 방법: 자신에게 하는 말 큰 소리로 이야기하기

소리를 질러도 지장이 없는 장소를 정하고, 편안히 자리에 앉아 과거 기억을 떠올립니다.

오감을 동원하여 생생하게 떠올려 봅니다. 과거의 기억 속으로 돌아가는 것입니다. 억울하고 부당하게 대접받은 상황에 있다고 생각하세요. 점점 감정이 격해지는 것을 느끼실 겁니다. 자신을 괴롭히는 비참함, 죄책감, 불안, 우울 등의 감정이 들 것입니다. 아주 괴로운 순간입니다. 하지만 이때가 기회입니다. 양초가 녹고 있습니다.

이때 강력하게 대응해야 합니다. 아주 크게, 힘차게 온 힘을 다해서 이야기합니다. 온몸을 긴장시키고 근육들에 힘을 줍니다. 숨을 가득 들이쉬고 큰 소리로 외칩니다. 본인을 괴롭혀 왔던 지긋지긋한 감정과 생각들에 대해 분노하십시오. 그리고 반복해서 이야기하세요.

당신의 감정에는 당신만의 사연이 있다

- "그때 나는 너무 어렸어. 그건 내 잘못이 아니야!"
- "가족들은 어린 나를 보호해 주지 못했어. 난 피해를 받았고, 그것 때문에 난 너무 힘들었어!"

어떻게 날 괴롭히는 생각들과 반복되는 덫을 친절히 다룰 수가 있습니까? 강력한 분노가 이런 불합리한 생각에 붙어 있는 감정의 앙금을 없앨 수 있는 기회를 줄 것입니다. 자신의 과거를 화가 난 채로 기억하거나, 본인이나 주위 사람에게 분노를 표출하란 것이 아닙니다. 잘못된 생각과 부정적 자아상은 친절히 다루지 말란 것입니다. 분노하십시오.

단, 처음부터 한 번에 하려고 하지는 마세요. 먼저 여러 가지 기억을 적어 보고, 그중에서 가장 약한 감정이 붙어 있는 기억부터 순차적으로 처리해 나가세요. 감정이 점점 더 격해지는 기억 순으로 해 나가는 겁니다.

과거의 불행과 지금껏 반복됐던 덫은 강력하지만 벗어날 수 있습니다. 그들이 더 이상 행복을 향한 나의 발걸음을 막지 못하게 합시다. 혹시 뒤에서 또다시 내 어깨를 잡으려 한다면, 화를 내며 이야기하십시오.

"그만! 이제 넌 여기 있어! 나는 앞으로 간다."

성공하는 장면을
떠올리는 것만으로도
바뀌는 것들

나를 인정하기, 나를 변호하기와 더불어 보다 구체적인 방법들도 필요합니다. 일상생활에서 자신이 할 수 있는 것을 하나하나 시도하고 경험해야 합니다. 덫에서 벗어나서 본인이 하지 못했던 새로운 도전을 하고, 그런 과정과 친해지고 익숙해져야 최종적으로 덫에서 벗어날 수 있을 것입니다.

가령 버림받음의 덫에 빠진 분이라면, 다른 사람과 떨어져서 지내는 시간을 늘려 가며 혼자 지내는 연습을 해 나갑니다. 혼자 무언가 성취하고 재밌거리를 찾는다면 다른 사람에 대한 집착이나 불안도 줄어들 것입니다. 상대에게 정해진 시간에만 연락하고, 의심되는 상황에서도 상대방을 한번 끝까지 믿어

당신의 감정에는 당신만의 사연이 있다

보는 등 본인이 해 온 방식과 다른 행동을 해 나가야 합니다.

먼저, 자신이 덫에 대항해서 할 수 있는 목록들을 작성합니다. 10가지 정도의 구체적인 목록을 작성하세요. 그리고 자신이 느끼기에 하기 쉬운 것부터 어려운 것까지 순번을 매겨 정리해 봅니다. 그러고 나서 쉬운 것부터 도전하고 행동으로 옮겨 가는 것입니다.

의존심의 덫이 반복되는 분이라면, 자신이 해야 하는 일상적인 일과 결정들을 나열해 보고, 그중 쉬운 것부터 혼자 해 나가는 연습을 합니다. 그리곤 하나씩 성공할 때마다 본인을 칭찬해 주고 상을 줍니다.

소외의 덫에 빠진 분이라면, 본인이 회피하는 상황(아마도 여럿이 어울리는 자리가 되겠지요)을 나열해 보고 그중 가장 쉬운 모임부터 참여해 보는 것입니다.

마음속의 아이는 성장을 하지 못하고 당시의 사고방식을 가지고 있지만, 우리는 성장했고 주변 사람들도 바뀌었습니다. 성인은 어린아이보다 관대합니다. 자신을 드러내는 것을 수치스러워하는 경우 막상 부딪쳐 보면 생각과는 많이 다르다는 것을 깨달을 수 있습니다.

스스로 인식하지 못하더라도 우리는 성장했고 세상도 바뀌었습니다. 어릴 적 결함은 더 이상 문제가 되지 않을 수도 있고, 더 이상 다른 사람의 이목을 끌지 못하는 것이 되었을지도 모릅니다.

일상생활 중에서 덫에서 벗어난 행동을 한 경험, 위에 계획한 대로 해서 성공한 경험들을 기억하세요. 시간 날 때마다 머릿속에 그 성공하는 장면을 떠올리세요. 편한 장소와 시간을 정해 덫에서 벗어난 행동을 하던 순간을 떠올립니다. 오감을 동원해서 생생하게 기억해 내는 것이 좋습니다. 꾸준히 반복해서 성공하는 경험과 친해지면, 덫에서 벗어나는 것이 더 이상 낯설지 않을 것입니다.

지금까지 우리는 반복되는 인생의 덫에 대해서 알아보았으며, 이 반복의 수레바퀴를 멈출 수 있는 방법들도 살펴보았습니다. 하지만 그런 방법들을 사용하기 전에 먼저 필요한 것이 있습니다. 바로 변화에 대한 용기와 의지입니다. 새로운 삶에 대한 갈망과 반복되는 덫에 대한 분노가 이것을 가능하게 해줄 것입니다.

어릴 적 우리가 가지고 있던 자아상과 세상을 보는 시각은 반복되는 굴레를 만들어 냅니다. 덫을 극복한다는 것은 마음속에 깊게 새겨진 세상과 나를 이해하던 틀을 바꾸고 포기해야 함을 의미합니다. 그것을 포기한다는 것은 지금껏 살아왔던 방식을 포기하는 것이며, 나아가 그 방식대로 세상과 관계를 맺었던 나를 부정한다는 공포를 줍니다.

그래도 그것을 바꾸어야 한다면, 정말이지 큰 결단과 용기가 필요한 것입니다. 홀로 낯선 곳에 떨어진 아이처럼 두려운 새로움과 맞서야 하기 때문입니다. 하지만 너무도 어려워 보이는 그런 과정도 용기와 결단으로 이루어 낼 수 있습니다.

자녀는 나를
비추는 거울이라는
말의 진짜 뜻

이번에는 내가 부모의 입장일 때를 잠깐 생각해 보겠습니다. 자녀란 참으로 사랑스러운 존재입니다. 아이 때문에 살아갈 힘을 얻는 분들도 많지요. 하지만 그와 동시에 육아 문제로 고민하고 힘들어하는 분들도 많습니다. 진료실에서 환자를 보다 보면 젊은 여성들에게 육아와 관련한 스트레스는 우울증과 불안증을 유발하는 가장 중요한 이유임을 알 수 있었습니다.

아이 문제로 병원에 오는 분들은 흔히 아이가 말을 안 듣거나 보기 싫은 행동을 할 때 너무 화가 난다고 털어놓습니다. 화가 난 상태로 아이를 때리거나 욕하고 소리를 지르기도 하며, 그 이후에는 본인의 행동에 후회가 들어 심한 죄책감에 괴로워하며 우울해

합니다. 그리고 다음에는 아이에게 화를 내지 말아야겠다고 다짐합니다. 하지만 그러다가도 아이가 다시 말을 듣지 않으면 또다시 화가 치밀어 같은 행동을 반복합니다.

얼마 전 병원에 찾아온 은혜 씨도 비슷한 경우였습니다. 그녀는 자녀에게 스스로 주체 못할 정도로 화를 내게 된다며 고민을 털어놓았습니다. 은혜 씨에게는 각각 다섯 살과 두 살인 딸이 있는데, 그중에서 주로 화를 내는 대상은 첫째였습니다. 그녀는 큰아이의 성격이 자신을 많이 닮았다고 지나가듯 이야기했습니다.

큰아이에게 가장 화가 나는 상황은 동생에게 소리를 지르거나 때릴 때라고 했습니다. 그럴 때면 은혜 씨는 큰아이의 그런 모습에 너무 화가 나서 욕을 했고, 아이의 엉덩이와 얼굴을 세게 때리기도 했습니다. 제가 보기에 첫째가 둘째에게 화를 내는 모습은 은혜 씨가 큰딸을 대하는 모습과 참 비슷하게 느껴졌습니다.

"선생님, 저도 정말 그러고 나면 후회가 되고 첫째한테 너무 미안해요. 아이를 학대하는 저를 용서할 수가 없어요. 저는 쓸모없는 엄마 같아요. 저한테 너무 화가 나요."

심리학적으로 보면 육아를 하며 자신도 모르게 가장 화가 나는 때는 스스로도 싫어하는 자기의 모습을 아이에게서 볼 때입니다. 은혜 씨도 마찬가지였습니다. 그녀가 가장 싫어하는 본인의 모습은 화를 조절하지 못하는 점이었거든요.

첫째가 둘째에게 과도하게 화를 내고 분노를 조절하지 못하는 순간, 그녀는 아이를 통해 자신의 보기 싫은 모습과 마주하게 되었습니다. 그래서 모순적으로 큰아이에게 화를 내지 말라고 거칠게 소리치고 맙니다. 더 불같이 화를 내면서 말이지요. 마치 화를 내지 말라는 고함은 자기 자신에게 하는 이야기인 것만 같습니다.

은혜 씨가 첫째에게 표출하는 화 안에는 스스로를 향한 불만이 섞여 있다고 봐야 합니다. 본인의 콤플렉스와 자신을 향한 불만이 또 다른 자신으로 여겨지는 자녀에게서 나타날 때는 그것을 참기가 참 힘듭니다. 이때 화가 나는 감정은 감추어져 있던 스스로를 향한 분노가 아이에게로 향하는 것입니다.

화라는 감정은 불 화(火)라는 글자 그대로 불과 비슷한 성질을 가지고 있습니다. 불은 한번 붙게 되면 대상을 가리지 않고 태우지요. 태울 대상만 있으면 얼마든지 옆으로 옮겨 붙습니다. 화라는 감정도 마찬가지입니다. 자신이 왜 화가 났는지 관계없이 다른 대상에게 쉽게 옮겨 붙습니다.

특히, 자존감이 떨어져 있고 스스로에게 화가 나 있을 때에는 더욱 손쉽게 옮겨 붙습니다. 그러므로 은혜 씨의 문제는 그저 아이에게 미안해하고 '아이에게 더 너그러워져야지' 하고 다짐하는 것만으로는 온전히 해결되지 않습니다. 스스로를 향한 자책과 불만이라는 화가 꺼지지 않는 한, 언제고 그 불길은 아이에게로 옮겨 갈 것이기 때문입니다.

당신의 감정에는 당신만의 사연이 있다

저는 그녀에게 "아이에게 화가 나는 당신의 감정은 본인 스스로를 향한 불만과 자책, 죄책감이라는 자신에 대한 화에서 시작되고 있는 것입니다. 그러니까 먼저 자신을 따뜻하게 대하고, 용서해야 합니다"라고 말해 주었습니다.

물론 아이를 때리고 거칠게 대한 행동은 반성해야 합니다. 하지만 그렇다고 해서 스스로를 존재해서는 안 될 악한 인물처럼 몰아가며 과도하게 학대하는 것도 안 됩니다. 자신의 단점을 인식하고 개선해야 하지만, 그 이상으로 자신의 장점을 찾고 더 확대하려고 노력해야 합니다.

스스로 생각하기에도 잘했을 때는 자신을 칭찬하고 대견하게 여겨 주세요. 자기 자신을 소중히 대하는 태도는 곧 아이를 대하는 태도가 됩니다. 그리고 그 모습이 돌아와 스스로의 자존감에 영향을 끼칩니다. 자신을 향한 분노의 불이 꺼지고 결점에 관대해질 때 비로소 아이를 온전히 받아줄 수 있게 될 것입니다.

자녀에게 해 주고 싶은 그 모습 그대로 자신에게 해 주세요. 그리고 자신을 대하듯 자녀를 대해 보십시오. 자신을 너그럽고 부드럽게 대하다 보면 자녀에게도 부드럽고 너그러워질 것이고, 자녀에게 관대해지면 자신의 자존감도 올라가는 선순환이 시작될 것입니다. 자녀와 나는 하나로 연결된 존재인 동시에 서로를 비추는 거울이라는 사실을 기억하세요.

인생의 덫에 대항하는 법

내 인생의 덫 검색하기

내 인생에 반복적으로 나타나는 감정 패턴, 즉 덫을 체계적으로 찾아봅시다. 인생의 덫은 어린 시절부터 지금까지 반복되고 있을 것입니다. 물론 각 시기마다 조금씩 다른 모습을 하고 있지만 그 본질적인 주제는 같습니다. 그 주제는 바로 앞에서 살펴본 11가지 덫들이 될 것입니다.

우선 그동안 내 삶에 중요했던 일들을 찾아봅니다. 찬찬히 과거를 돌아보면서 감정이 격해졌거나 내 인생에 변화를 가져왔다고 생각되는 사건들을 찾는 것입니다. 대부분 부정적인 사건이겠지만, 긍정적인 기억도 괜찮습니다. 여기서 중요한 것은 객관적으로 중요한 일이 아니라, 남들이 보기엔 사소해 보여도 나에겐 중요하게 느껴졌던 감정의 응어리가 있는 사건들을 기록하는 것입니다.

이런 주제를 0~10세까지 10개 이상, 11세에서 20세까지 10개 이상, 20세에서 현재까지 10개 이상을 찾아봅니다. 그러면 내 인생에서 중요했던 사건이 최소 30개 이상 정리될 것입니다. 이제 각각에 대해 다음과 같은 내용을 담아 1장의 카드를 만듭니다.

---

1. 그 사건이 일어난 나이:

2. 사건의 내용 및 당시 상황:

3. 그때 느낀 감정:

4. 그때 들었던 생각:

모두 30장의 카드가 만들어졌습니다. 여기서 중요한 건 지금이 아니라 그 당시에 느꼈던 감정과 생각을 적어야 한다는 것입니다. 이제 카드들을 비슷한 감정이나 생각을 기준으로 분류합니다.

예를 들면, 다음 세 장의 카드는 하나의 묶음으로 분류될 수 있습니다.

- 6세. 한글을 빨리 깨우치지 못해서 엄마에게 혼났던 기억. 그때 나는 내가 능력이 부족하다고 생각했다.

- 15세. 국어 시간에 떨려서 제대로 발표도 못하고 망신당했다고 느꼈던 기억. 그때 나는 내가 자신감이 부족하다고 생각했다.

- 23세. 소개팅을 했는데 상대가 애프터 신청을 받아 주지 않은 기억. 그때 나는 내가 못생기고 능력이 없다고 생각했다.

위 세 장의 카드에 적힌 사건들은 시기와 상황은 각기 다릅니다. 하지만 하나의 주제로 묶을 수 있습니다. 바로 결함의 덫입니다.

이처럼 카드를 분류한 다음 본문에서 설명했듯이 그 주제와 관련 있는 가장 어릴 적 기억을 찾아가 봅니다. 그 기억은 이미 카드에 적어 놓은 것일 수도 있고 새롭게 생각이 날 수도 있습니다. 이제 그때의 나와 만나 대화해 보세요.

나를 인정하기 연습

1. 다음과 같은 대응 문장을 만들어 봅시다.

- '나는 비록 ~이지만, 그래도 나는 나를 사랑하고 받아들입니다.'

- '나는 비록 ~했지만, 당시의 나는 어렸고 다른 방법이 없었습니다.'

2. 대응 문장을 하루 두 번씩 소리 내어 부모가 아이에게 말해 주듯 따뜻한 목소리로 나에게 말해 줍니다. 다음과 같이 기록합니다.

날짜	횟수 (하루 2회)	대응 문장이 어느 정도 사실로 느껴졌는가? (0~100)	대응 문장을 이야기하는 동안 떠올랐던 다른 기억은 무엇인가?
	1		
	2		
	1		
	2		

연습을 반복할수록 대응 문장이 점점 사실로 느껴지고, 이야기하는 동안 나도 모르게 떠오르는 기억들이 긍정적인 것들로 바뀌어 갈 것입니다(만약 이런 변화가 오지 않는다면 전문가의 도움을 받을 필요가 있습니다).

나를 변호하기 연습

1. 자신을 변호하는 문장을 만듭니다.

- '어린 내가 그런 대접을 받다니, 너무나 억울하고 화가 나.'
- '누구나 결점이 있어. 왜 나에게만 이런 부당한 대우를 하는 거야?'

2. 하루에 두 번 이상 장소와 시간을 정해 자신을 변호합니다.

날짜	횟수 (하루 2회)	감정이 격해진 정도 (0~100)	근육이 긴장하거나 목소리가 커진 정도 (0~100)
	1		
	2		
	1		
	2		

당신의 감정에는 당신만의 사연이 있다

하루에 2회 정도 연습합니다. 감정적으로 가장 격할 때를 100점, 감정의 동요가 없을 때를 0점이라고 하면 70점 이상이 될 때까지 연습하는 것이 좋습니다. 근육의 긴장도나 목소리 크기도 클수록 좋습니다.

Chapter 5

"어떻게 긍정의 순환으로 갈아탈까?"

나부터 나에게 상처 주지 않기

4장에서 과거의 흔적이 만들어 놓은 마음속 패턴에 대해 알아보았다면, 이 장에서는 과거가 아닌 현재의 즉흥적인 요소들에 의해 만들어지는 마음속 패턴을 알아보겠습니다. 나도 모르는 사이에 내 몸과 마음에서는 지금 이 순간에도 많은 변화들이 일어나고 있습니다. 나도 모르게 스쳐 지나가는 생각들이 있습니다. 내 몸 상태도 시시각각으로 변화하고 있습니다. 또한 지금 이 순간에도 말을 하고, 여러 가지 표정을 짓고, 제스처를 취합니다. 즉, 이 순간 나는 무척이나 많은 행동들을 취하고 있는 것입니다. 이런 현재의 요소들은 감정에 큰 영향을 줍니다. 감정, 생각, 행동, 신체 상태는 서로 유기적으로 연결되어 있습니다. 그 관계의 패턴을 이해해 보려 합니다.

내 마음을
지배하는
네 가지 요소

마음이란 것은 감정과 생각으로 나누어 볼 수 있습니다. 즉, 내 마음에 영향을 주고 있는 요소들을 알아본다는 것은 현재 내 감정과 생각에 어떤 요소들이 영향을 미치고 있는지 알아보는 것입니다.

일단 감정과 생각도 서로에게 큰 영향을 미칩니다. 방금 전 좋은 일이 있어서 기분이 좋은 상태라면 같은 일이라도 좋은 쪽으로 생각하게 됩니다. 가령 우리는 망쳐 버린 시험 성적표는 부모님의 기분이 좋은 순간에 보여 드려야 한다는 걸 경험으로 알고 있습니다. 그래야만 부모님이 보다 좋게 생각하고 부드럽게 넘어갈 수 있다는 것을 잘 압니다. 즉, 부모님이 나의 성적을 평가할 때 당시의 기분이 영향을 주는 것입니다. 기분이 생각에 영향을 준 것이지요.

반대의 경우도 마찬가지입니다. 같은 상황이라도 기분이 좋을 때도 있고 나쁠 때도 있습니다. 거기에는 방금 전 내가 한 생각이 큰 영향을 줍니다. 내가 현재 어떤 생각을 했느냐에 따라서 내 감정도 변할 수 있는 것입니다. 제가 어렸을 때 부모님께 이런 이야기를 들은 적이 있습니다.

옛날 어떤 부부가 살고 있었는데, 그 부부에게는 두 명의 아들이 있었습니다. 큰 아들은 우산 장수를 하고 있었고, 둘째 아들은 소금 장수를 하고 있었답니다. 이들 부부 중 남편은 항상 걱정을 했습니다. 비가 오면 둘째 아들 걱정을 했고, 날씨가 맑으면 첫째 아들 걱정을 했습니다. 반면 부인은 항상 기분이 좋았습니다. 날씨가 맑으면 둘째 아들 생각을 했고, 비가 오면 큰 아들을 생각했습니다.

이렇게 같은 현상을 두고도 부부가 서로 다른 감정 상태를 갖게 된 이유는 무엇입니까? 바로 생각 때문입니다. 방금 전 내가 한 생각은 거기에 맞는 감정을 만들어 내는 것입니다. 이렇게 알게 모르게 생각과 감정은 서로에게 실시간으로 영향을 주고 있습니다.

감정과 생각에 영향을 주는 또 다른 요소는 현재 나의 신체 상태입니다. 다소 극단적인 예로 몸이 심하게 아픈 경우를 생

당신의 감정에는 당신만의 사연이 있다

각해 보겠습니다. 몸이 아픈 경우에는 기분 좋은 생각을 하기가 어렵습니다. 또한 짜증이 나고 우울해집니다. 즉, 같은 상황이라도 현재 내 몸 상태에 따라 기분과 생각이 바뀌는 것입니다. 이런 극단적인 예가 아니라도 미묘한 신체 증상의 변화에 의해서도 내 마음에 큰 변화가 올 수 있음을 이제부터 살펴볼 것입니다.

현재 나의 감정과 생각에 영향을 주는 마지막 요소는 나의 행동입니다. 모 방송에서 이런 내용을 본 적이 있습니다. '봉사활동을 하고 나면 기분이 좋아진다'는 내용이었습니다. 힘들게 봉사활동을 한 사람들이 방송 인터뷰에서 몸은 힘들지만 이상하게 기분이 좋아진다고 말하는 것을 보았습니다. 이것은 여러 실험에서 사실로 밝혀지고 있습니다. 즉, 내가 현재 한 행동에 따라 나의 마음 상태가 변화하고 있는 것입니다. 봉사라는 행동이 기분을 좋게 만든 것이지요.

현재의 생각, 감정, 신체 상태, 행동이라는 네 가지 요소들은 지금 이 순간에도 서로서로 영향을 주고 있습니다. 신체 상태와 행동이 생각과 감정에 영향을 주고, 반대로 감정과 생각이 신체 상태와 행동에 영향을 주기도 합니다. 이것을 그림으로 나타내 보면 다음과 같습니다.

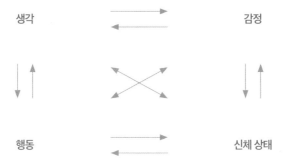

생각 → 감정

행동 → 신체 상태

　이 네 가지 요소들이 서로에게 영향을 주는 이유는 단순합니다. 우리는 무의식적으로 이 네 가지 요소를 통일성 있게 유지하려고 하기 때문입니다.

　무서운 생각을 했다면 거기에 맞는 감정, 즉 불안이나 공포감이 들고, 거기에 맞는 신체 상태인 땀이 나고 심장이 뛰는 증상이 나타날 것이며, 또한 즉시 도망가려는 행동이 나타날 것입니다. 반대로 편하게 누워서 쉬고 있는 생각을 했다면 기분이 편안해질 것이며, 신체 상태와 행동도 이완되고 안정될 것입니다.

　이 네 가지 요소들은 다른 요소에 맞게 조절되고 변형됩니다. '몸과 마음은 하나다'라는 말이 있습니다. '몸'을 신체 상태와 행동으로 보고 '마음'을 생각과 감정으로 본다면 이 말은 신체 상태, 행동, 생각, 감정이 하나로 통일성을 가진다는 이야기와 같습니다.

내 마음을 지배하는 이 네 가지 요소들 사이의 관계를 이해하면 감정 조절에 대한 큰 힌트를 얻을 수 있습니다.

생각에
변화를 주어
감정을 조절하는 법

    인지, 즉 우리의 생각은 감정, 행동, 신체 상태와 통일성을 가지려 하기 때문에, 이런 특성을 이용하면 현재 내 마음에 영향을 줄 수 있습니다. 여기서는 특히 현재 가장 각광받고 있으며 정신과 영역에서 획기적인 변화를 가지고 온 감정과 인지의 연관성에 대해 구체적으로 보려 합니다.

    인지와 감정의 관계에서 다루고 싶은 핵심은 생각을 조절하면 감정을 변화시킬 수 있다는 것입니다. 즉, 생각으로 감정을 조절하는 법을 배워 보자는 것이지요. 하지만 이 핵심 주제를 다루기 전에 잠시 반대 방향부터 살펴보겠습니다. 거꾸로 감정이 생각을 변화시킬 수 있는가 하는 것 말입니다.

당신의 감정에는 당신만의 사연이 있다

기분 상태가 우리의 생각에 주는 영향은 꽤나 큽니다. 사랑에 빠지면 갑자기 세상이 그렇게 아름다울 수가 없지요. 반대로 우울할 때는 생각이 점점 부정적인 쪽으로 향합니다. 우울증이 깊어지면, 즉 마음속에 슬픈 감정이 극도로 심해지면 망상이란 것이 생겨납니다.

망상이란 상식적으로 가능하지 않은 엉뚱한 생각을 확신하며 믿는 것입니다. 이를테면, 병원에서 모든 검사를 해서 이상이 없다고 나왔는데도 자신은 죽을병에 걸렸고 서서히 내장이 썩어 가고 있다고 확신하는 것입니다. 우울증으로 고생하시는 분을 보면 '감정이 생각을 이렇게까지 바꿀 수 있을까?' 하며 놀랄 때가 있습니다.

그렇다면 감정을 직접 조절하여 생각을 조절하는 것이 가능할까요? 불길한 생각이나 쓸데없는 걱정으로 괴로울 때는 기분 좋은 음악을 듣는 것이 도움이 될 수 있습니다. 또 즐거웠던 추억이나 장소를 미리 생각해 두었다가 부정적인 생각이 들 때 즉각적으로 떠올리는 연습을 해 두는 것도 괜찮은 방법입니다.

그러나 이런 방법들은 어디까지나 간접적인 방법이며 효과가 강력하다고 할 수는 없습니다. 현재까지 기분을 직접 조절할 수 있는 방법은 사실상 약물뿐입니다. 실제로 항우울제나 기분 안정제는 감정을 직접적으로 안정시켜 줄 뿐만 아니라 생각도 변화시켜 줍니다. 하지만 약을 복용하지 않고 개인의 노력만으로 감정을 직접 조절하는 것은 너무나 어려운 일입니다.

그래서 생각이 감정에 영향을 주는 방식을 활용해 감정을 조절하는 방법을 배워 보자는 것입니다. 감정을 직접적으로 바꾸긴 어려워도 생각을 통해 간접적으로 감정을 조절한다! 이것이 아론 벡(Aaron T. Beck)이라는 정신의학자가 발견하고 체계화시킨 인지치료입니다.

감정 뒤에는 의식하지 못한 생각이 있다

최근에 인지치료가 각광을 받는 이유는 생각, 즉 인지라는 요소는 우리가 직접 다룰 수 있기 때문입니다. 감정을 직접적으로 조절할 수 있는 방법은 약물 이외에는 거의 없기 때문에, 지금까지 수많은 사람들은 감정을 조절하려는 시도에서 패배의 쓴잔을 마셔야만 했습니다. 감정 자체를 바로 조절하려고만 했기 때문입니다.

하지만 생각을 바꾸면 감정도 바뀐다는 사실이 알려지면서 감정 조절의 가능성이 활짝 열렸습니다. 생각을 의식적으로 바꾸는 것도 가능하며, 교육을 통해서 생각이 바뀔 수도 있습니다. 또한 자신의 생각을 말로 표현해 볼 수도 있고, 글로 적어 볼 수도 있습니다. 그러고 나서 내 생각이 맞는지 틀리는지 평가해 볼 수 있습니다.

따라서 감정 조절에 있어서 우리의 일차적 목표를 감정 자체가 아닌 인지에 초점을 맞추는 것은 정말 유용합니다. 생각이 합리적이고 긍정적으로 바뀐다면 감정도 변화될 것입니다. 이제, 아론 벡이 주장한 인지치료 이론에 대해서 구체적으로 알아보겠습니다.

일반적으로 우리는 어떤 상황이 즉각적으로 감정을 만들어 낸다고 생각하는 경향이 있습니다. 즉 어떤 상황이 발생하면 그것에 의해서 반사적으로 감정이 나타나 버린다는 것입니다. 가령, 저에게 찾아오는 분들에게 왜 그렇게 화가 나느냐고 물으면 이렇게 대답하곤 합니다.

"남편이 밤늦게까지 TV만 보고 있어요"

"오늘 친구가 약속 장소에 나오지 않았어요"

제가 다시 "남편이 밤늦게까지 TV를 보고 있는 것에 왜 화가 날까요?"라고 물어보면 이렇게 답합니다.

"그럼 그런 상황에서 화가 안 나나요?"

제가 본 환자 대부분이 이런 식으로 대답합니다. 즉, 그 상황이 직접적으로 나의 감정을 만들어 놓았으니 나도 어쩔 수 없다는 논리입니다. 어떤 상황을 A라고 하고 우리에게 드는 감정을 C라고 하면 일반적으로는 'A → C'라고 생각합니다. C라는 감정이 든 직접적인 이유가 A라는 상황이 되는 것입니다. 이 밖에도 좀 더 예를 들어 보면,

상황(A)		감정(B)
시험에서 0점을 맞았다	⇒	그래서 슬프다
친구가 약속에 늦는다	⇒	그래서 화가 난다
갑자기 배가 아프다	⇒	그래서 불안하다

하지만 상황이 직접적으로 감정을 만들지는 못합니다. 상황 자체는 우리에게 어떠한 영향도 줄 수 없습니다. 즉, A와 C 사이에는 B라는 무엇인가가 있습니다. 다만 그것이 너무나 빨리 지나가기 때문에 우리가 의식하지 못하는 것입니다.

이것을 도식으로 표현하면 'A → B → C'로 나타낼 수 있습니다. 여기서 B가 바로 우리의 생각, 인지가 됩니다. 상황에 대한 나의 평가와 판단이 나의 감정을 만들어 냅니다.

앞의 예를 다시 살펴보겠습니다.

상황(A)		생각(B)		감정(C)
시험에서 0점을 맞았다	⇨	준비를 열심히 했는데도 실패했다. 난 남들에 비해 능력이 없다	⇨	그래서 슬프다
친구가 약속에 늦는다	⇨	나를 무시하니까 나와의 약속도 우습게 아는 것이다	⇨	그래서 화가 난다
갑자기 배가 아프다	⇨	큰 병에 걸렸을지 모른다	⇨	그래서 불안하다

이런 식으로 상황에 대한 나만의 생각이 중간에 있습니다. 다만, 그것은 너무나도 순간적으로 머리를 스쳐 가기 때문에 시간이 지난 후에는 그런 생각을 했다는 것조차 잊어버리게 됩니다.

이렇게 어떤 상황에 대해서 순간적으로 드는 생각을 순간적인 생각 혹은 '자동사고'라고 표현합니다. 이 자동사고가 현재 내 감정에 결정적인 영향을 준 중요 요소가 되는 것입니다.

친구가 약속에 늦는 상황은 '화'라는 감정을 직접적으로 불러일으키지 못합니다. 친구가 늦는 상황에 대한 순간적인 해석이 거기에 맞는 감정을 불러일으키는 것이지요.

두 번째 예시는 나를 무시했기 때문에 늦는다는 생각이 화가 난다는 감정을 일으킨 것입니다. 생각이 자신과 조화를 이루는 감정을 만들어 낸 것입니다.

생각을 합리적으로 교정하기

이제, 친구가 늦는 상황에 대한 생각을 바꾸어 보겠습니다.

상황(A)		생각(B)		감정(C)
친구가 약속에 늦는다	⇨	친구가 오다가 사고를 당했을지도 몰라	⇨	불안
친구가 약속에 늦는다	⇨	내가 부탁할 일이 있어서 친구를 멀리서 오라고 했는데, 차까지 많이 막히나 보네	⇨	미안함

첫 번째 예시의 경우 시험에서 0점을 맞은 상황에서도 그 상황에 대한 해석(B)을 '난 공부를 전혀 하지 않았으니 0점 맞는 것은 당연한 거야. 누구도 공부를 안 하고선 시험을 잘 볼 순 없어'라고 한다면 슬픔이라는 감정은 들지 않았을 것입니다. 오히려 공부를 열심히 해야겠다는 의욕이 들지도 모릅니다.

세 번째 예시도 마찬가지입니다. 갑자기 배가 아픈 상황이 생겼을 때 '이전에도 이런 적이 있었는데 병원에서 문제없다고 했어. 오늘 과식을 했으니 배가 불편한 건 당연하지'라고 판단을 했다면, 불안감은 생기지 않습니다.

우리는 C, 즉 감정을 조절하고 싶어 합니다. 하지만 이미 말했듯이 감정을 직접적으로 조절하기는 어렵습니다. 그렇다면

당신의 감정에는 당신만의 사연이 있다

A를 조절하면 어떨까요? 네, 가능합니다. A를 조절할 수 있다면 C도 변화할 것입니다. 애당초 A라는 상황이 없었다면 C라는 감정도 없었을 것이기 때문입니다.

하지만 상황은 통제하기도 어려울 뿐만 아니라 바꾸기도 쉽지 않습니다. 사람들과 눈이 마주치면 불안감이 든다면 최대한 눈이 마주치지 않도록 피해 볼 수는 있겠지요.

하지만 그런 상황을 완벽히 없앨 수는 없습니다. 그렇다고 하면 현실적으로 가장 좋은 방법은 C를 조절하기 위해서 B를 바꾸는 것입니다. 즉, 생각을 조절하는 것입니다.

이쯤에서 이런 의문이 들지도 모르겠습니다.

- "생각을 바꾸어서 감정을 바꿀 수 있다는 건 알겠는데, 그렇다고 말도 안 되는 생각을 할 수는 없는 것 아닌가?"
- "생각을 억지로 바꾸는 것은 세뇌와 같은 거 아닌가?"

그렇지 않습니다. 오히려 인지치료의 목표는 상황에 맞지 않는 비합리적인 생각들을 교정하고, 합리적이고 객관적으로 조정하는 것입니다. 과도하고 조절하기 어려운 감정들로 고생을 하고 있다면, 그 이면에는 과도하게 부풀려지고 비합리적인 생각들이 존재하고 있을 가능성이 크기 때문입니다. 즉, 잘못된 감정에는 잘못된 생각들이 연결되어 있기 마련입니다.

따라서 많은 경우에 생각을 합리적으로 교정하는 것으로 감정을 조절할 수 있습니다. 이것은 상황에 맞지 않는 것을 믿게 하거나 무조건 '나는 괜찮다'라는 생각을 주입시키는 것과는 다릅니다.

실제로 슬픈 일이 있으면 슬퍼해야 합니다. 실제로 위기 상황이 발생했다면 불안감을 느껴야 합니다. 하지만 우리는 확실하지 않은 상황에서도 슬퍼하거나 화를 내거나 불안해합니다. 그 이면에는 합리적이지 않은 생각이 자리하고 있습니다.

이런 잘못된 생각을 '인지 오류'라고 합니다. 내가 흔히 범하는 인지 오류를 발견하고 그것을 교정하는 것이 인지치료의 핵심이 될 것입니다.

열린 마음, 닫힌 마음

중학생 아들과 찾아온 혜수 씨의 표정은 누가 봐도 잔뜩 굳어 있었습니다.

"아이가 너무 공부를 안 해요. 머리는 좋은 아이인데 너무 의욕이 없고…. 요즘 청소년 우울증도 많다는데 그거 아닌가 해서 데리고 왔어요."

그녀의 걱정은 중학생이 된 아이의 성적이 너무 떨어지고,

공부를 할 의욕조차 없어 보인다는 것이었습니다. 일단 무슨 문제가 있는지 알기 위해 수차례에 걸쳐 아이와 면담을 가졌습니다.

혜수 씨의 말대로 아이는 다소의 우울 증상을 가지고 있었습니다. 하지만 공부를 하지 않으려는 진짜 이유는 다른 곳에 있었습니다. 믿기 어렵겠지만, 아이는 엄마를 실망시키지 않으려고 공부를 하지 않고 있었습니다. 혜수 씨는 칭찬은 고래도 춤추게 한다는 말을 믿었고, 아이에게도 항상 칭찬하려고 애썼습니다.

"너는 똑똑한 아이야. 그 정도는 조금만 하면 금방 할 수 있어. 자신감을 가져."

"네 친구 승혁이는 머리가 안 좋더라. 걔는 해도 안 돼. 넌 엄마를 닮아서 똑똑하니까 걱정 없어."

하지만 중학교에 들어가니 공부가 만만치 않았고, 나름대로 열심히 했음에도 성적이 나오지 않았습니다. 그때부터 아이는 '실은 내 머리가 나쁜 것이 아닐까?' 하는 의심이 생겼습니다.

아이는 자신이 똑똑하다고 믿기 때문에 엄마가 사랑을 준다고 생각하고 있었습니다. 또한 자신이 똑똑하지 않다면 엄마가 크게 실망할 것이라고 생각했지요.

그 생각은 엄마의 사랑과 믿음을 모두 저버리는 무서운 것이었기에 아이는 도망가고 싶었을 것입니다. 그리고 한 가지를 깨닫습니다. 공부를 아예 하지 않으면서 한 가지는 지킬 수 있었던 것입니다. 바로 "머리는 좋은데 공부를 안 해서 그래"라는 엄마의 믿음입니다.

'열린 마음'과 '닫힌 마음'이라는 심리학 용어가 있습니다. 열린 마음은 자신의 능력이 타고나는 것이 아니라 얼마나 노력하느냐에 달려 있다고 믿는 것이고, 닫힌 마음은 자신의 능력에는 태어날 때부터 한계가 정해져 있다고 믿는 것입니다. 여러 심리학 연구에 의하면 같은 상황, 같은 조건이라면 열린 마음을 가진 사람들이 성공할 확률과 일의 성과가 더 높은 것으로 나타났습니다.

닫힌 마음을 가진 사람들은 난관에 봉착하거나 일이 잘 풀리지 않으면 그것을 자신의 한계라고 믿고 포기할 가능성이 높았습니다.

반면에 열린 마음을 가진 사람들은 나쁜 결과가 나오거나 어려움에 빠졌을 때에도 실력을 키우기 위해 무엇을 해야 할지 스스로 찾았습니다. 열린 마음을 가진 사람들은 '타고나는 한계는 없어. 노력하면 해낼 수 있을 거야'와 같이 생각하기 때문입니다.

사람들은 누구나 자신의 자녀가 열린 마음을 갖기를 바라겠지요. 그렇다면 아이가 열린 마음을 가질지 닫힌 마음을 가질

당신의 감정에는 당신만의 사연이 있다

지는 어떻게 결정되는 걸까요? 스탠포드 대학에서 이와 관련하여 재미있는 실험을 진행했습니다.

연구진은 실험자들이 게임을 하며 그 안에 숨어 있는 보석을 찾도록 했습니다. 하지만 게임 안에는 보석이 존재하지 않았기 때문에 그 누구도 보석을 찾을 수 없었습니다. 모든 사람이 임무에 실패한 것입니다.

이후에 연구진은 실험자들을 두 그룹으로 나누어 각기 다른 이야기를 전했습니다. 첫 번째 그룹에게는 "이 게임은 어느 정도 재능이 있어야 할 수 있어요. 당신은 재능이 없군요"라고 닫힌 마음의 내용을 전달했습니다. 두 번째 그룹에게는 "당신은 실패했군요. 하지만 노력하면 성공할 수 있을 거예요"라고 열린 마음의 내용을 전달했습니다. 곧이어 다른 게임을 할 것인데 아주 쉬운 게임과 조금 어려운 게임이 있다고 이야기합니다. 어떤 것을 선택하겠냐고 물었을 때 두 그룹은 전혀 다른 태도를 보였습니다.

닫힌 마음의 내용을 들은 그룹은 자신의 재능이 부족하다는 것을 받아들여 다음 번 게임을 아주 쉬운 것으로 선택했습니다. 또한, 게임이 모두 끝난 뒤에는 쉬운 게임을 했음에도 재미없었다고 답했습니다. 반대로 열린 마음의 내용을 들은 그룹은 어려운 게임을 선택했고, 도전을 즐기는 모습을 보였습니다. 이들은 게임이 모두 끝난 뒤 게임이 아주 재미있었다고 대답했습니다.

이 실험은 중요한 점을 우리에게 보여 줍니다. 결국 마음의 방식을 결정하는 것은 아이를 평가하는 부모에게 달려 있다는 사실입니다. 부모가 열린 마음으로 아이를 대하느냐, 닫힌 마음으로 아이를 대하느냐에 따라 아이는 달라질 수 있습니다.

혜수 씨가 아이에게 한 칭찬은 재능이 있어야만 공부를 잘한다는 닫힌 마음을 담고 있었습니다. 그런 마음이 아이로 하여금 스스로 한계를 정하게 만들었지요. 아이에게는 "성적이 좋지 않았구나, 하지만 열심히 한 것은 참 잘한 일이야. 누구나 열심히 하면 조금씩 나아진단다"와 같은 열린 칭찬법이 필요했던 것입니다.

칭찬은 중요합니다. 하지만 아무렇게나 하는 것은 안 됩니다. 아이의 능력이나 결과 자체를 칭찬하지 말고, 노력과 성장 가능성에 대해 열린 마음으로 칭찬을 해 주어야 합니다. 이를 통해 바뀐 생각은 자존감을 높이고 나아가 아이의 감정까지 더 낫게 바꿀 것입니다.

흔히 범하기 쉬운 여덟 가지 생각의 오류들

1. 흑백논리 사고
이것 아니면 저것이라는 두 가지 판단 기준으로 모든 것을 평가하려고 합니다. '나를 좋아하지 않으면, 나를 싫어하는 것이다'라는 식입니다. 예를 들어 어떤 의견을 말했을 때 사람들이 거기에 동조하지 않으면 '친구들인 줄 알았는데 나를 싫어하는 것 같다. 나는 친구가 없다'라고 생각하는 것입니다.

2. 과잉 일반화
한두 번의 사건에 근거하여 '언제나 그럴 것이다'라는 일반적인 결론을 내리고, 더 나아가 무관한 상황에서도 그 결론을 적용하려 하는 것입니다.

- 나는 공부를 남들보다 못한다 → 나는 남들보다 모자란 열등한 인간이다
- 사람들 앞에서 발표하는데 실수를 했다 → 앞으로도 발표할 때마다 제대로 할 수 없을 것이다
- 그녀가 나의 옷차림이 싫다고 했다 → 그녀는 나란 사람을 싫어한다
- 나는 전에 상사가 시킨 업무를 잘하지 못했다 → 나는 능

력이 없는 인간이다

3. 감정적 추론

충분한 근거 없이 그저 그럴 것처럼 강하게 느껴지기 때문에 그 반대의 증거는 무시하거나 전혀 고려하지 않고 어떤 일을 틀림없는 사실이라고 판단하는 것입니다. 예를 들어 '이렇게 불안한 기분이 드는 것을 보니 가족에게 잘못된 일이 생긴 것이 틀림없다'라고 믿는 것입니다. 또는 그 사람이 나를 싫어한다는 증거는 없지만 '이렇게 불길한 느낌이 자꾸 드는 것을 보니 그 사람은 분명 나를 싫어하는 거야' 하고 생각하는 것 등입니다.

4. 재앙화

여러 가지 가능성 중에 최악의 가능성을 과도하게 믿는 것으로, 생각보다 흔히 볼 수 있습니다. 예를 들어, 일이 잘 안 풀리면 나는 이제 끝장이 날 거라며 두려워합니다. 부부싸움을 한 뒤에는 이제 더 이상 우리 부부는 좋아질 수 없다고 생각하며 더 나아가 내 인생도 이젠 희망이 없다고 여기기도 합니다. 갑작스럽게 배가 아프면, 암에라도 걸렸을까 봐 극심한 불안에 떱니다. 이럴 경우, 어떤 상황에서 일어날 수 있는 일들을 쭉 나열하고 각각에 대해 실제 일어날 수 있는 가능성을 옆에 적어 보면 자신이 얼마나 작은 가능성에 집착했는지 객관적으로 알 수 있습니다.

5. 독심술(넘겨짚기)

객관적인 사실을 무시하고 다른 사람의 마음을 알고 있다고 믿는 것입니다. 좀 황당하게 들릴지 모르겠지만, 우리는 흔히 이 독심술 오류를 범하곤 합니다. '그는 날 능력 없는 사람이라고 깔보고 있어', '그는 속으로 날 비웃고 있었어' 하는 식입니다. 그저 자신의 느낌으로 다른 사람의 마음에 대해서 확신하고, 그것으로 괴로워합니다.

6. 합리화

자신이 한 행동에 그럴듯한 이유를 만들어 핑계를 대는 것을 말합니다.

7. 내 탓하기 혹은 남 탓하기

의미 없는 사건들을 자신과 연관 짓는 것입니다. 상사가 지나가다가 자신을 알아보지 못하면, '내가 뭔가를 잘못해서 화가 나셨다'고 생각합니다. 상사는 단지 바빠서 어딘가를 급히 가는 길이었을 수도 있고, 딴생각을 하느라 알아보지 못한 것일 수도 있는데, 유독 자신과 연관 지어 이유를 찾으려고 합니다.

반대로 '남 탓하기'도 있습니다. 자신의 책임이 분명한데도 남의 핑계를 대는 것입니다. 알코올 중독자는 '내가 술을 먹는 것은 세상이 나를 힘들게 하기 때문이다'라고 하며 오히려 주위 사람들에게 화를 냅니다. 또 어떤 사람은 '내가 시험에 떨어진 것은 가족들이 충분히 도와주지 않아서이다'라고 생각하며 가족에게 화를 내고 분노를 느낍니다.

8. 당위적 기대

우리는 인생을 살아오면서, 또 여러 가지 경험을 하면서 자신도 모르는 사이에 자신만의 규칙을 마음에 만들어 놓습니다. 그 기준에 어긋나는 상황이 오면 부정적인 감정(분노, 슬픔 등)이 일어납니다. 이를 당위적 기대라고 하는데, 우리가 가장 흔히 범하는 인지 오류입니다.

예를 들어 '나를 사랑한다면, 어떤 요구라도 들어줘야 한다'라는 기준이 있다면, 남편이 요구를 들어주지 못하는 순간에는 '나를 사랑하지 않는구나'라는 자동사고가 스쳐 가고, 우울해질 것입니다.

보통 당위적 기대는 '반드시 이렇게 해야 한다'라는 문장으로 표현됩니다. '반드시'로 시작되는 기준은 조금만 어긋나도 부정적인 감정이 생길 수밖에 없습니다. 자신의 당위적 기대를 찾아냈다면, 그 문장에 있는 '반드시'를 빼고 '비록 ~하지 않아도'를 넣어 봅시다. '반드시 나에게 먼저 의견을 물어봐야 날 무시하지 않는 것이다'라는 당위적 기대가 있다면, '비록 그 상황에서 나에게 먼저 물어보진 않았지만, 그것으로 그가 나를 우습게 여긴다고 볼 순 없다' 하는 식으로 생각을 변화시키는 것입니다.

스치듯 지나가는 자동사고 알아내기

앞서 살펴 본 것처럼 나에게 드는 감정에는 그와 연관된 생각이 있을 가능성이 있습니다. 불쾌한 감정이 든다면 습관적으로 지금 자신이 무슨 생각을 했는지를 체크해 봅니다.

자신이 어떤 생각을 했는지를 가장 잘 이해하는 방법은 종이에 쓰면서 찬찬히 점검해 보는 것입니다. 그리고 나서는 '정말 그런가?', '다른 가능성은 없는가?'에 대해 평가하고 공정하게 재판을 해 봅니다. 그렇게 해서 우리의 생각이 합리적으로 교정되어 간다면, 감정도 적절하게 조절될 것입니다.

다음은 자동사고 기록지를 작성하는 방법입니다. 처음에는 다소 이해하기 어려울 수도 있으나, 몇 번 해 보면 쉽게 알 수 있습니다.

일시	20XX년 XX월 X일 X시
상황	학교 과제를 하기 위해 조별로 모인 자리에서 의견을 제시했는데 내 의견에 반대하는 사람이 많았다.
자동적 사고	그 사람들이 내 친구라면 내 말에 반대하진 않았을 텐데. 그들은 친구가 아닌 적이다.
감정	**불안**, **우울**, **분노**, **창피함**, **수치심**, **죄책감**, **자책감**, **두려움**, **괴로움**, **실망감**, **외로움**, **적대감**, **화**, **허탈함**
인지 오류	**흑백논리**, **과잉 일반화**, **감정적 추론**, **재앙화**, **독심술**, **합리화**, **내 탓 하기**, **남 탓하기**, **당위적 기대**
합리적 사고	내 의견에 반대한다고 해서 나와 싸우는 관계가 되는 것은 아니다. 친구도 적도 아닌 사람들도 많다. 그들은 그저 상황에 맞게 나를 대할 뿐이다.
합리적 사고 이후 감정	아직도 우울하긴 하지만 처음보다는 80퍼센트 이상 감소했다.

1. '일시'에 사건이 발생한 때를 적습니다.

2. '상황'에 그때 발생한 상황을 제3자가 본 것처럼 적습니다.

3. '자동적 사고'는 건너뛰고 먼저 '감정' 칸에서 해당되는 감정을 찾아 밑줄이나 동그라미를 칩니다. 감정을 먼저 기록하는 이유는 자동적 사고를 바로 알기란 쉽지 않기에 일단 그때 들었던 감정을 찾고 나서 그런 감정을 일으킨 생각은 무엇이었는지 거꾸로 추적해 가기 위해서입니

당신의 감정에는 당신만의 사연이 있다

다. 가장 좋은 것은 감정이 들자마자 '방금 무슨 생각을 했지?' 하며 바로 추적해 보는 것입니다.

4. 감정으로부터 역추적해서 찾아낸 자동 사고를 '자동적 사고'에 적습니다.

5. 자동적 사고에 오류가 있는지를 검사해 오류가 발견되면 '인지 오류' 칸에서 찾아 표시를 합니다.

6. '합리적 사고'에는 인지 오류를 교정한 합리적 사고를 적습니다.

7. 합리적 사고를 한 이후에는 원래의 감정이 어떻게 변화했는지를 '합리적 사고 이후 감정'에 적습니다.

이런 작업을 체계적으로 할 수 있게 한 것이 자동사고 기록지입니다. 한두 번 기록해 보는 것으로는 변화가 오지 않습니다. 피아노를 배울 때 처음에는 악보를 보고 일일이 신경을 써야 칠 수 있지만 수많은 연습을 통해 의식하지 않고도 자동적으로 피아노를 칠 수 있게 되는 것처럼, 우리의 사고도 많은 연습을 거쳐야만 자연스럽게 합리적인 사고를 할 수 있습니다.

신체 상태에
변화를 주어
감정을 조절하는 법

먼저 재미있는 실험 한 가지를 소개할까 합니다. 캐나다 밴쿠버에 있는 카필라노 구름다리는 험난한 계곡 위로 75미터 높이에 설치되어 있습니다. 끈으로 이루어져 있어 한 발 한 발 걸을 때마다 흔들거리는 이 다리는 웬만한 강심장들도 '떨어지진 않을까?' 하는 걱정에 손과 발이 떨린다고 합니다. 가슴은 두근두근 뛰게 되고 온몸에는 땀이 나는 경험을 하게 됩니다.

이 명물 다리 위에서 1974년 유명한 실험이 이루어졌습니다. 다리를 건너는 남성에게 젊은 여성이 다가옵니다. 이 여성은 남성에게 어떤 조사를 하고 있다며 추상적인 그림을 보여주고 무엇이 생각나는지 물어봅니다. 그리고 더 궁금한 것이 있으면 전화를 하라며 자신의 전화번호를 건네줍니다. 비슷한 실험을 근처에 있는 안전한 시멘트 다리 위에서도 진행했습니다. 그런데 두 다리 위에서 나타난 결과는 매우 달랐습니다. 구름다리 위의 남자들은 그림을 보고 성적인 내용을 더 많이 이야기했으며, 나중에 개인적으로 연락하는 비율이 시멘트 다리 위에서 질문을 받은 남성들보다 훨씬 높았습니다.

신체 증상을 감정으로 착각하는 뇌

이 실험을 시행한 도널드 더튼(Donald Dutton)과 아서 아론 (Arthur Aron)은 이런 차이가 발생한 이유에 대해 남성들의 뇌가 구름다리 위에서 발생한 '심장의 두근거림', '맥박의 빨라짐' 등 신체 증상을 눈앞의 여성으로 인해 생긴 반응으로 착각했기 때문이라고 했습니다. 즉, 심장의 두근거림과 빨라진 맥박을 순간적으로 '사랑'이라는 감정으로 인식한 것입니다.

신체 증상과 감정은 서로 유기적으로 연결되어 있습니다. 감정에 따라 신체 증상이 발생하기도 하고 위 실험에서처럼 신체 증상이 직간접적으로 감정을 유발할 수도 있습니다. 신체 증상과 감정도 통일성을 유지하고자 하기 때문에 위기에 일어나는 신체적 변화는 불안, 분노 등의 감정을 일으킵니다.

반대로 안전할 때 일어나는 신체적 변화는 안도감과 평안이라는 감정을 불러올 것입니다.

한 가지 실험을 더 소개하겠습니다. 사회심리학자인 스튜어트 밸린스(Stuart Valins)는 흥미로운 실험을 했습니다. 남성 실험 참가자들에게 여성들의 사진을 보여 주면서 주관적으로 느끼는 여성에 대한 호감도를 체크했습니다.

참가자들은 두 그룹으로 나뉘어 실험을 진행했습니다. 장치를 통해 두 그룹 모두에게 녹음되어 있는 심장박동 소리를 들려주었습니다. 한 그룹에는 빠르게 뛰는 심장박동 소리를, 다른 그룹에는 느리게 뛰는 심장박동 소리를 들려주었습니다. 결과는, 빠른 심장박동 소리를 들은 그룹에서 사진 속 여성에 대한 호감도가 높게 나타났습니다. 녹음되어 있던 다른 사람의 심장박동 소리였지만 자신의 신체 반응으로 착각한 뇌가 이성에 대한 감정을 변화시킨 것입니다.

후종 씨의 경우도 마찬가지입니다. 후종 씨는 맥박이 불규칙하게 뛰는 부정맥이라는 병을 가졌습니다. 그는 맥박이 빨라지고 가슴이 뛸 때면, 그런 두근거림을 '불안'과 죽을 것 같은 '공포'의 감정으로 바꾸어 인식했습니다. "저는 가끔 너무 불안해서 견디기가 어렵습니다. 그래서 이렇게 맥박도 뛰고 심장도 두근대는 거예요"라고 본인의 상태를 해석하곤 했습니다. 즉, 본인이 불안하기 때문에 몸이 놀라서 가슴이 뛰고 두근대

당신의 감정에는 당신만의 사연이 있다

는 것으로 생각한 것이지요. 하지만 실제로는 반대였습니다. 부정맥으로 맥박이 빨라지는 순간이 오면, 뇌는 그런 증상을 불안이라는 감정으로 인식했던 것입니다.

몸의 변화를 인식해 감정 조절에 이용한다

우리의 뇌가 감정을 만들 때 참고하는 신체 증상은 주로 자율신경계와 연관된 것들입니다. 위기 때 교감신경에 의해 발현되는 신체 증상에 우리의 뇌는 매우 예민하게 반응하며, 통일성을 가지려는 모습으로 감정을 만들어 내는 것입니다.

1884년도에 '제임스-랑게 이론'이라는 학설이 발표되었습니다. 핵심 내용은 신체의 생리적인 변화가 감정을 만들어 낸다는 것입니다. 만약 신체의 증상이 변화하지 않거나 그 변화를 뇌가 알아내지 못한다면 감정은 유발되지 않습니다. 신체의 반응들을 지각함으로써 내가 슬픈지 화가 났는지 두려운지 행복한지 등의 감정이 생긴다는 것입니다. 오늘날 이 이론이 모두 받아들여지는 것은 아니지만, 뇌가 신체적 변화를 인지하는 것이 감정을 이루는 중요한 요소라는 것은 사실입니다.

잠김 증후군(locked-in syndrome)이라는 병이 있습니다. 뇌와 척수를 이어주는 뇌간 부위가 손상되어 생기는 병입니다. 이

잠김 증후군 환자는 전신 마비가 오게 됩니다. 오로지 눈만 움직일 수 있습니다. 이 경우에는 자율신경계를 통해 심장이 빨라진다거나 근육이 긴장하거나 속이 메슥거리는 등의 증상이 나타나지 않습니다. 여기서 의학자들은 큰 단서를 얻었습니다.

잠김 증후군에 걸린 환자는 눈을 깜박여서 자신의 의사를 표현할 수 있습니다. 사지를 움직이지 못하고 앞으로도 전신 마비가 지속된다는 상황에 놓인 환자들은 극심한 우울감과 불안감을 느낄 것 같습니다. 하지만 실제로는 그렇지 않았습니다. 환자들이 표현하는 감정은 심심하다거나 그냥 무료하다거나 하는 것이었으며, 이후에도 우울감이나 절망감과는 거리가 먼 감정들을 주로 보였습니다.

잠김 증후군에 대한 연구를 계기로 우울이나 불안 등의 감정에는 신체 반응과의 조화와 연결이 필요하다는 것을 알게 되었습니다. 모든 감정에 대해서 뇌가 신체적 반응을 인식해야 하는 것은 아니겠지만, 적어도 극심한 우울이나 불안에 있어서는 신체적 변화를 인지하는 것이 중요한 요소인 듯 보입니다.

여기서 얻은 내용을 좀 더 단순화해서 보자면, 자신의 신체적인 변화를 뇌가 잘 인식한다면 여러 감정들, 특히나 신체적 변화와 연관이 많은 우울이나 불안, 공포, 분노 등도 잘 느낀다는 것입니다. 실제로 어떤 조사에서는 자율신경계 반응을 잘 탐지하는 사람들은 자신이 의식적으로 눈치채지 못한 위험에

당신의 감정에는 당신만의 사연이 있다

대해서 미리 조심하고 피해 갈 수 있는 가능성이 높았습니다.

또한 범죄자들을 조사해 보니, 자신의 자율신경계 반응을 잘 알아차리지 못했다는 발표도 있습니다. 그런 경우에는 불안이나 우울감을 잘 느끼지 못하므로 범죄나 위험한 행동을 하는 것을 막아 줄 장치가 없었던 것입니다.

우리는 불안이나 우울감이 없어졌으면 좋겠다고 생각하지만 절대 그렇지가 않습니다. 그러한 감정들은 우리가 위험을 피하고 대비하게 해 주며, 또한 위험한 행동을 자제하게 합니다. 따라서 범죄를 저지르지 못하게 해 주기도 하는 것입니다.

이렇듯 자율신경계 변화를 인식하는 데 둔감해 불안을 잘 느끼지 못하는 것도 문제이고, 앞의 후종 씨 사례처럼 자신의 자율신경계 변화에 너무 예민하게 반응해서 과도한 불안으로 고생하는 경우 또한 문제입니다. 따라서 적절하게 자율신경계의 변화를 인지하고 자신에게 도움이 되도록 이용할 수 있어야 합니다.

자율신경계가 어떻게 변화하고 있는지, 지금 내 몸에 어떤 변화들이 생기고 있는지 체크할 수 있고 의식적으로도 알아차릴 수 있다면, 그것과 연관된 감정에 대해서도 대비할 수 있고 적절히 이용할 수 있습니다. 가령 '지금 맥박이 빨라지고 있구나', '지금 숨이 차구나' 하는 것을 순간순간 인식할 수 있다면,

'내가 불안을 느끼고 있구나', '마음이 초조해지고 부정적으로 생각할 수도 있겠다'라고 생각해 볼 수도 있습니다.

내 몸의 감각에 집중하는 연습

우리는 이 책의 앞부분에서 자신의 마음을 읽는 과정을 거쳤습니다. 그와 더불어, 자신의 감정을 알아 가기 위해서는 자신의 신체적 변화를 잘 인식해야 합니다. 막연한 감정 때문에 고생하는 경우라면, 보다 알아차리기 쉬운 신체 변화를 토대로 자신의 감정을 나누어 보고 예상할 수 있습니다. 가령 '어떤 경우에는 땀이 나고, 가슴이 두근거린다. 그때 일어나는 상황들을 가만히 탐구해 보니, 짜증이 심해지고 무언가에 쫓기는 듯 초조해진다' 하는 식입니다.

이렇게 신체 증상과 감정을 연관 지어 가다 보면, 자신의 감정과 관련이 깊은 신체 증상들을 알아낼 수 있습니다. 어떤 감정에 휩싸였을 때 자신의 신체 증상에 초점을 맞추어 보면 한 발짝 떨어진 것처럼 자신을 바라볼 수 있는 여유가 생깁니다. 이렇듯 우리가 자신의 몸에서 일어나는 반응들을 민감하게 인식할 수 있다면, 그것은 감정을 다스리는 데 큰 도움을 줄 것입니다.

그렇다면 어떻게 내 몸에서 일어나는 변화들을 잘 인식할 수 있을까요? 글로는 그저 '맥박이 빨라진다', '땀이 난다', '어지럽다', '속이 메슥거린다' 등으로 단조롭게 표현되지만, 실제로는 사람마다 다릅니다. 미묘한 자신만의 느낌을 알아야 합니다.

내 몸에서 일어나는 반응들을 알아차리기 위해서는 먼저 평소에 시간을 내서 내 몸의 감각에 집중하는 연습을 꾸준히 해야 합니다. 가장 먼저 연습을 해야 할 부분은 촉각, 미각, 청각, 미각, 후각의 오감입니다. 하루에 한두 번 10~20분 정도 의자에 편하게 앉아서 연습을 해 나갑니다.

오감 중 먼저 촉감에 집중을 해 봅니다. 평소에는 신경을 쓰지 않던 것들에 집중하면, '이런 느낌도 있었구나' 할 것입니다. 가령 의자에 앉아 있다면, 엉덩이와 의자가 닿는 부분의 느낌에 주목해 보세요. 의자에서 느껴지는 딱딱함 혹은 푹신함, 따뜻함 등에 집중하세요.

잠시 뒤 부위를 이동해 봅니다. 팔걸이에 올려놓은 손에서 느껴지는 느낌에 집중해 보세요. 또 더 확장하여 전신의 피부에서 느껴지는 감각들에 집중을 해 보세요. 옷이 내 살에 닿는 느낌, 간지러움, 공기와 맞닿는 느낌을 느껴 보세요. 공기의 온도가 찬지 따뜻한지를 느껴 보세요.

촉각과 마찬가지로 평소에 신경 쓰지 않았던 청각에 집중해 보세요. 작은 소음들, 내 숨소리, 어디선가 들려오는 바람소리

등을 느껴 보세요.

다음에는 눈을 뜨시고 시각에 집중합니다. 그저 의미 없이 스쳐 지나갔던 눈앞에 펼쳐진 풍경에 집중해 보세요. 주변을 둘러보세요. 어떤 사물을 볼 때 내 눈의 느낌과 머릿속에 떠오르는 생각에 집중해 보세요. '그저 풍경이 있구나'가 아니고 '나는 이런 식으로 사물을 바라보는구나' 하는 것을 느껴 보아야 합니다.

미각과 입 속의 느낌에 집중해 봅니다. 침을 넘기는 느낌, 침에서 느껴지는 맛, 입으로 숨을 쉬어 보며 공기에서 느껴지는 맛 등에 집중해 보세요.

후각도 마찬가지입니다. 의식하지 못했던 냄새들이 있는지 예민하게 살펴보세요.

이렇게 다섯 가지 감각 각각에 익숙해졌다면, 오감 모두를 하나로 통합하여 어떤 느낌, 또 어떤 변화들이 있는지 살펴보세요. 외부를 감지하는 오감에 익숙해졌다면, 이번에는 내 몸 안에서 일어나는 변화들에 대해 집중해 볼 차례입니다.

숨을 쉬면서 배와 가슴이 오르락내리락 하는 것을 느껴 보세요. 시간을 가지고 어떻게 변화하는지 집중해 봅니다. 호흡이 빨라지는지, 적당한지, 느린지, 그냥 변화시키려 하지 말고 그대로 느껴만 보세요. 근육이 긴장하고 있는지, 이완되어 있는지 느껴 보세요. 배 속의 느낌에 집중해 봅니다. 소화가 잘 되

당신의 감정에는 당신만의 사연이 있다

는지, 무언가 불편한 느낌이 있는지 살펴보세요. 심장의 박동을 느껴 보세요. 맥박이 뛰는 것에 집중하세요.

제3자처럼 몸과 마음을 관찰하기

이렇게 자신의 신체 증상과 감각에 집중하는 연습을 시간을 정해서 규칙적으로 해야 합니다. 수 주간의 연습을 통해 익숙해진다면, 그 다음부터는 평소에도 원하는 때 자신의 신체 감각에 집중하여 변화를 느껴 봅니다. 이 연습을 통해 내가 원하는 때에 자신의 신체 감각에 집중할 수 있게 되면 부정적인 감정과 연관된 신체 증상으로 주의를 돌릴 수 있습니다.

가령 화가 날 때 순간적으로 자신의 신체 증상에 집중해 보면, 맥박이 빨리 뛰고 근육이 긴장해 있을 것입니다. 일단 신체 증상으로 주의를 돌리면 한곳에 몰입되어 있던 마음을 분산시킬 수 있습니다. 내 몸에 닿는 물체들의 느낌, 공기의 온도, 신경 쓰지 못했던 작은 소리들에 집중하는 것만으로 휩쓸렸던 감정에서 한 발짝 물러설 수 있습니다.

이것은 매우 중요합니다. 화가 난 상태에서는 다른 생각으로 주제를 돌리기가 무척이나 어렵습니다. 잠시 숨을 고르며 시간을 갖기도 쉽지 않습니다. 이때 나의 몸에 집중하는 것처럼 용이하고 효과적인 것은 없습니다. 지금의 사건에서 엉뚱하게 다른 곳으로 생각을 돌리는 것도 아니고, 억지로 좋은 생각으로 전환하는 것도 아닙니다. 지금 이 순간에 머물고 집중하되, 사건 자체가 아닌 자신의 신체에 집중을 하는 것입니다.

마치 제3자가 된 것처럼 자신을 관찰하세요. 그리고 관찰한 것을 자신에게 이야기해 주세요. '내 심장이 두근대고 있구나', '얼굴이 달아오르고 팔다리가 긴장되고 있다'와 같이 말입니다. 이런 과정을 통해 나의 상태를 객관적으로 바라볼 수 있습니다. 평소 알아 두었던 신체 증상과 감정의 관계를 통해 자신의 감정도 역으로 추적해 볼 수 있습니다. '근육들이 긴장하고 있고 숨이 빨라진 걸 보니 나도 모르게 불안감에 빠져 있구나' 하고 바라볼 수 있는 것입니다.

이처럼 자기를 관찰하는 태도는 매우 유용합니다. 한 발짝 더 나아가면 자신의 감정이나 생각에 대해서도 적용할 수 있습니다. 신체 감각에 집중하듯 자신의 마음이 어떻게 변화되고 있는지에 집중합니다. 마치 제3자가 관찰하듯이 말이지요. '내가 지금 억울한 감정이 들었구나', '내가 지금 저 일을 해내지 못하면 남들이 무시할 거란 생각이 들었구나' 하고 자신의 마음을 바라보는 것입니다.

이렇게 자신의 몸과 마음을 관찰할 수 있게 되면, 신체적 증상을 금세 알아차리고 그것을 이용할 수 있으며, 생각을 관찰하여 앞서 소개한 인지 오류를 발견할 수 있습니다. 이로써 감정에 휩쓸리지 않고 대응할 여유를 갖게 됩니다.

자신을 관찰하는 데 중요한 것은 무언가 바꾸려 하지 말고 그냥 느껴 보는 것입니다. 내 몸에서 일어나는 일에 대해 관찰자가 되어 바라보면서 변화를 인식하는 것입니다. 그동안은 신체적인 변화가 오고 감정이 격해지려 할 때마다 그것이 무엇인지 살필 틈도 없이 바로 조절하려고만 했기 때문에 악순환이 반복된 것입니다. 일단은 제3자의 입장에서 몸과 마음을 관찰한 이후에 조절도 가능한 것입니다.

몸을 변화시켜 마음을 조절하기

하지만 여기서 끝나는 것은 아닙니다. 생각을 바꾸면 감정을 바꿀 수 있듯이 신체 증상을 변화시키면 불안한 마음도 조절할 수 있습니다.

우리는 불안한 상태가 오면 가슴으로 숨을 쉬게 됩니다. 즉, 흉식호흡을 하게 됩니다. 흔히 이야기하는 복식 호흡은 우리가 안정되고 편하다고 느낄 때 일어나는 몸의 반응입니다. 이것을 이용해서 불안할 때 강제적으로 복식 호흡을 하는 것입니다. 그러면 우리의 자율신경계는 혼란을 느낍니다. '지금 위기 상태여서 이러면 안 되는데, 왜 복식 호흡을 하는 거야?'라며 복식 호흡을 막으려고 합니다. 처음 복식 호흡을 할 때 답답하고 오히려 더 불안해지는 것은 이런 이유 때문입니다.

하지만 이 시기가 지나면 자율신경계는 착각을 합니다. '이렇게 복식 호흡을 지속하는 것을 보니, 이제는 안전한 상태인가 보다'라며 교감신경계가 안정됩니다. 이 역시도 신체 상태와 감정이 통일성을 가지려 하는 성질이 있기 때문입니다.

불안으로 긴장된 근육을 이완시키는 것도 마찬가지 효과가 있습니다. 강제적으로 근육을 이완시키면 감정도 그에 따라 안정되는 것입니다. 이를 점진적 근육 이완법이라고 합니다.

감정을 다스리는 복식 호흡법 & 근육 이완법

1. 복식 호흡법

하루에 10분씩 아침저녁으로 시간을 정해서 하는 것이 좋습니다. 의자에 편하게 앉거나 침대에 편한 자세로 누워서 시행합니다. 한 손은 가슴에 두고, 한 손은 배 위에 올려놓습니다. 긴장 상태에서는 보통 가슴으로 숨을 쉬려는 경향이 있습니다. 가슴에 올려놓은 손은 가슴으로 숨을 쉬지 않도록 확인하는 것입니다. 즉, 가슴에 놓은 손은 움직이지 않고, 배에 올려

둔 손이 오르락내리락 하도록 합니다.

숨은 가능한 한 천천히 쉬는 것이 좋으나, 처음부터 무리할 필요는 없고, 일단은 평소와 같은 속도로 숨을 쉬되 복식 호흡을 하는 것에 집중합니다. 생각은 편안한 장면을 떠올리거나, 혹은 배에 올려 둔 손의 감각에 집중하는 것도 좋습니다. 손에서 느껴지는 따스함, 배가 움직이는 것에 집중을 하며, 신체 증상을 관찰하는 연습도 같이 하는 것입니다.

복식 호흡은 한두 번의 연습으로는 익숙해지지 않습니다. 하지만 한두 달 동안 꾸준히 하다보면 자연스럽게 복식 호흡을 할 수 있을 것입니다. 복식 호흡이 익숙해지면, 불안이 오거나 교감신경계의 활성에 의한 신체 반응들이 나타날 때 복식 호흡을 즉각적으로 할 수 있고, 몸과 마음을 안정시키는 데 유용하게 사용할 수 있을 것입니다.

2. 점진적 근육 이완법

근육을 처음에는 긴장시키고 그 후 이완시켜서 긴장을 푸는 연습을 하는 것입니다. 마음을 편안히 하고 시작하시기 바랍니다.

먼저, 편안하게 눕습니다. 두 팔이 몸에 닿지 않게 하세요. 오른팔과 오른손부터 시작하겠습니다. 오른손이 끝난 이후 왼손도 같은 방법으로 해 주시면 됩니다. 주먹을 꽉 쥐고 팔꿈치를 구부리면서 손등이 눈앞으로 오도록 팔을 한번 비틀어 보세요. 손목과 팔뚝 그리고 팔에 최대로 힘을 주고 긴장된 느낌을 가져 보세요. 최대한 힘을 주고 마음속으로 열까지 셉니다. 이제 천천히 팔에 힘을 뺍니다. 팔꿈치와 손에도 힘을 빼고 주먹을 펴서 내려놓습니다. 천천히 숨을 5회 정도 쉬세요. 쉬는 동안 아직도 힘이 들어가는 부분이 있으면 힘을 완전히 빼야 합니다(2회 시행).

다음으로 얼굴의 긴장을 풉니다. 먼저 눈살을 최대한 찌푸리고 눈을 꼭 감고 입을 다무세요. 그리고 턱을 최대한 안쪽으로 당기세요. 마음속으로 열까지 셉니다. 이제 앞이마의 주름을 펴고 두 눈의 힘을 빼면서 천천히 힘을 빼세요. 턱을 앞으로 쭉 내밉니다. 숨을 천천히 5회 쉽니다. 쉬는 동안 긴장이 느껴지는 부분이 있다면 이완시킵니다(2회 시행).

이번에는 가슴 근육 차례입니다. 가슴과 배가 꽉 차도록 가능한 한 숨을 깊게 들이마시기 바랍니다. 숨을 다 들이쉰 후에는 잠깐 숨을 멈추고 속으로 일곱까지 셉니다(2회 시행).

이어서 배 근육을 이완시킵니다. 배 위에 무거운 물건을 놓은 것처럼 배꼽 주위에 팽팽한 느낌이 들도록 힘을 주세요. 힘을 준 채로 다섯까지 센 뒤에 서서히 힘을 뺍니다(2회 시행).

이제 다리 근육을 이완시키겠습니다. 오른쪽부터 하고 왼쪽으로 넘어가세요. 무릎을 쭉 펴고 발목과 발가락을 발 아래쪽

당신의 감정에는 당신만의 사연이 있다

으로 밀어 보세요. 허벅지와 종아리, 그리고 발에 최대한 힘을 주고 긴장된 느낌을 느껴 보세요. 최대한 힘을 주고 마음속으로 열까지 셉니다(2회 시행).

　이러한 이완 훈련은 하루에 세 번 이상 하면 좋습니다. 충분히 연습하여 숙달되면 언제 어디서나 활용할 수 있어 스트레스와 불안을 완화하는 데 도움이 될 것입니다.

행동에
변화를 주어
감정을 조절하는 법

이번에는 행동이 감정이나 생각과 어떤 연관 관계가 있는지 알아보겠습니다. 지금까지 우리는 생각, 감정, 신체 증상 등이 서로 연관되어 있고, 하나가 바뀌면 다른 것도 따라서 바뀔 수 있음을 알아보았습니다.

행동 또한 마찬가지입니다. 기분이 좋은 상태라면 행동도 달라집니다. 불안하고 걱정이 많은 상태라면 행동은 위축될 수밖에 없습니다. 우울증이 오면 밖에 나가려고 하지 않고 집에만 있으려 하며 사람 만나는 것도 피하게 됩니다. 또한 우울하면 어깨가 처지고 말과 행동이 느려지는 경우들을 흔히 보게 됩니다.

당신의 감정에는 당신만의 사연이 있다

가끔 사람들 앞에서 강의를 할 때가 있습니다. 여러 차례 강의를 해 보며 이런 점을 알게 되었습니다. 강의를 하기 전에 속으로 '나는 강의를 잘한다'라고 자기 최면을 걸면, 말투도 자신 있게 되고 손동작이나 행동도 크고 거침없이 됩니다.

하지만 강의하는 날 안 좋은 일이 있거나 내가 한 일이 잘 안되었을 때는 자신감도 없어집니다. 그럴 때는 강의하는 목소리도 작아지고 떨리며, 동작도 작아지고 머뭇거리게 됩니다. 내가 생각하는 것이나 그날의 기분에 따라서 '강의'라는 나의 행동이 영향을 받은 것입니다.

이렇듯 감정과 생각하는 바에 따라서 우리의 행동은 바뀌게 됩니다. 사실 이것은 너무도 당연하게 느껴집니다. 내 감정이나 내가 생각하는 것에 따라서 행동이 변한다는 것 말입니다. 하지만 행동에 따라서 내 감정이 변하고 또 생각이 변할 수 있다는 것은 어떻습니까? 아무 의미 없이 한 행동이 내 생각을 뒤바꾸어 놓을 수 있을까요?

행동에 생각과 감정이 맞춰진다

미국의 정신의학자 레온 페스팅거(Leon Festinger)는 흥미로운 현상을 관찰했습니다. 1950년대 미국에는 지구 종말을 믿는 한 단체가 있었습니다. 페스팅거는 자신도 종말론을 믿는 신도인 것처럼 꾸미고 그 단체에 잠입했습니다. 그리고는 그들에게 일어나는 일을 상세히 관찰했습니다.

종말론자들은 선택된 소수, 즉 종말론을 믿는 자신들만 구원을 받고 나머지 인류는 모두 죽을 것이라고 확신하고 있었습니다. 실제로 그들은 자신들의 재산과 가족, 그 밖의 모든 것을 버리고, 구원을 받기 위해 단체가 시키는 일에 헌신했습니다. 이 단체는 점차 세력이 커져 갔고, 미국 전역에 종말론에 대한 소문이 퍼졌습니다. 여러 언론들도 관심을 가졌습니다. 하지만 그들은 언론과의 인터뷰를 피했습니다.

드디어 그들이 예측한 종말의 시간이 되었습니다. 그들 주위에는 방송기자, 카메라맨들이 어느 사이 취재를 하기 위해 자리를 잡고 있었습니다. 그들은 열렬히 기도를 하며 종말의 시간을 맞이하고 있었습니다. 그런 분위기에서 그들이 예견한 종말의 시간이 지나고 있었습니다. 1분, 2분, 아니 한 시간이 지났지만 결국 아무 일도 일어나지 않았습니다. 너무도 고요한 침묵이 흘렀습니다.

이후 어떤 일이 일어났을까요? 종말론자들은 자신들이 속았다고 분개하며 괴로워했을까요? 아니었습니다. 종말론자들이 그동안의 행동을 후회하고 자신들의 믿음이 틀렸다고 인정할 줄 알았던 페스팅거는 자신의 예상과 정반대의 일이 벌어지는 것에 놀라지 않을 수 없었습니다. 종말론자들은 적극적으로 인터뷰를 했습니다. 웃으면서 활기찬 목소리로 기자들을 대했습니다. 이전에는 언론과 접촉하지 않았던 그들의 태도와는 정반대의 모습이었습니다.

그들은 이렇게 주장했습니다. "우리가 열심히 기도하고 종말을 알린 덕분에 신께서 인류에게 다시 기회를 주시기로 했다." 그들은 스스로 다시 그 믿음에 빠져 들었습니다. 이로써 그들은 자신들의 믿음을 지킬 수 있었습니다. 그리고 그들이 그동안 해 왔던 행동도 올바른 것이 되었습니다. 자신이 했던 행동의 정당성을 얻기 위해서 자신의 생각을 조율하고, 그것을 위해 틀려 버린 종교적인 믿음을 더 강하게 유지한 것입니다. 그들은 다시 복음을 전파하는 자신들의 임무에 빠져들었습니다. 어떤 의심이나 좌절도 찾아볼 수 없었습니다.

이런 현상을 페스팅거는 '인지부조화'라고 했습니다. 우리는 내가 한 행동과 생각, 감정 사이에 괴리감이 발생하면, 그것을 견디지 못하고 이미 해 버린 행동에 내 생각과 감정을 맞춘다는 이론입니다. 우리가 살펴보고 있는 '통일성을 가지려는 인간'과 흡사합니다. 행동을 단지 생각과 감정의 결과물로만 보던 이전의 학설에 큰 충격을 준 이론입니다.

저는 시험을 볼 때 이런 경험을 많이 했습니다. 모르는 문제가 나오면 거의 찍다시피 답을 정합니다. 찍기까지가 어렵지

일단 정하고 나면 이상하게 그 답이 맞는다는 생각이 들기 시
작합니다. 찍은 답이 맞는다는 근거가 이것저것 머릿속에 떠
오르고, 나중에는 확신에 찹니다. '맞아, 전에 들어본 거였어.
이 답이 확실해.'

하지만 나중에 채점하면 여지없이 틀리고 맙니다. 그러고는
생각합니다. '도대체 그때 왜 이게 맞는다고 생각했을까? 바보
같이.' 시험을 보던 그때는 내가 한 행동, 즉 어떤 답을 택한 나
의 행동과 생각을 일치시키기 위해서 뇌가 정당성을 부여하고
합리화시켜 준 것입니다. 인지부조화 이론은 자신이 한 행동
을 합리화하려는 우리의 모습들을 설명해 줍니다.

웃고 나면 재미있어진다

행동에는 여러 가지가 있습니다. 우리의 몸짓, 자세 등과 더
불어 얼굴 표정, 우리가 하는 말도 행동의 범주로 볼 수 있습
니다. 우리는 흔히 즐거워서 웃는 것이 아니고 웃어서 즐거워
지는 것이라는 이야기도 합니다. 또는 슬퍼서 우는 것이 아니
고 눈물이 나니까 슬픈 거라는 말도 합니다. 여기에 대한 흥미
로운 실험을 소개하고자 합니다.

독일의 심리학자 프리츠 스트랙(Fritz Strack)은 재기 발랄한

당신의 감정에는 당신만의 사연이 있다

실험을 했습니다. 바로 나도 모르게 미소를 짓게 되면 기분이 따라서 좋아지는지를 증명하기 위한 실험이었습니다.

실험 방법은 간단합니다. 연필을 입으로 물게 합니다. 입으로 문 연필 끝은 앞으로 향하게 합니다. 그렇게 하고는 한 그룹은 입술을 오므리고 있게 하였고, 다른 한 그룹은 입술이 서로 닿지 않게 하라고 지시하였습니다. 입술이 서로 닿지 않게 하려면 입을 벌려야 하는데, 연필을 물고 있으므로 자신은 의식하지 못해도 자신의 얼굴은 환한 미소를 띠게 됩니다.

그 상태에서 두 그룹 모두에게 신문의 만화를 읽게 했습니다. 이후 만화가 얼마나 재미있었냐는 물음에 자신도 모르게 미소를 짓고 있었던 그룹에서 훨씬 더 재미있게 느꼈다는 것이 밝혀졌습니다. 의미 없이 행해졌던 미소가 기분과 생각을 바꾼 것입니다.

행동에 대해서 그럴 듯한 이유를 만들어 내고 그것을 믿어 버리는 예를 두 가지 더 소개하겠습니다. 편안한 상태로 이완을 시킨 뒤 암시를 주면 그 암시에 따라 행동하게 할 수 있습니다. 가령 최면에 걸린 상태에서 치료자가 환자에게 잠시 뒤 '커튼을 치십시오'라고 암시를 줍니다. 암시가 잘 들어갔다면 환자는 최면이 끝난 후 자신도 이유를 모른 채 커튼을 치는 행동을 보일 것입니다. 주위에서 '왜 그런 행동을 했느냐'고 물으면, "햇빛이 너무 눈부셔서요"라고 대답합니다. 알다시피 최면에서 받은 암시대로 행동을 한 것뿐인데, 행동을 해 놓고 나서 우리의 뇌는 거기에 맞는 그럴 듯한 이유를 만들어 내는 것입니다. 물론 본인도 거기에 속고 맙니다. '햇볕이 강해서 커튼을 친 것이다.'

신경외과 의사들은 뇌수술을 하다가 흥미로운 현상을 발견했습니다. 수술 중에 뇌의 어떤 부위를 자극하니 미소를 짓고 웃음이 발생한 것입니다. 뇌는 통증을 느끼지 못하기 때문에 의식이 있는 상태에서도 수술을 할 수가 있습니다.

그런 상태에서 웃음이 발생하는 부위에 자극을 주면, 환자는 이유도 모른 채 미소를 짓게 됩니다. 그럴 때 의사들이 지금 웃은 이유가 무엇이냐고 물어보면, 환자는 "선생님들이 하는 행동이 너무 웃겨서요", "지금 하신 말씀이 너무 재미있어요"라며 정말 구체적이고 그럴듯한 이유를 댑니다. 이 역시 자신이 한 행동, 즉 얼굴 표정이나 웃은 것에 맞도록 생각과 감정을 무의식적으로 만들어 낸 것입니다.

감정을 바꾸려면 먼저 행동하고 상상하라

그렇다면 기분이 좋지 않아도 기분이 좋을 때 나타나는 행

당신의 감정에는 당신만의 사연이 있다

동들을 취하면 우리의 기분도 따라 좋아지게 될 것입니다. 발표할 때 자신이 없고 겁이 난다면, 일단 등을 똑바로 펴고 당당하게 걷습니다. 목소리를 크게 합니다. 먼저 행동을 취하면, 거꾸로 자신감도 생기고 '나는 발표를 잘한다'라는 생각도 들 것입니다. 기분이 좋지 않아도 일단 미소를 짓습니다. 큰 소리로 웃어 봅시다. 행복은 그렇게 적극적으로 자신을 찾아 주는 사람에게 오는 것인지도 모릅니다.

어떤 사람을 용서하거나, 이전에는 미워했던 사람을 이제는 좋아하고자 하는 경우가 있습니다. 그런데도 마음이 도저히 움직여 주지 않는다면 먼저 행동을 하세요. 그 사람을 안아 주고, 친절하게 말을 하고, 상대를 칭찬하는 이야기를 해 줍니다. 그렇게 행동을 하고 나면 그 사람에 대한 호감이 들고 긍정적인 생각을 하는 것이 더 쉬워질 것입니다.

행동에는 자신이 한 말도 포함됩니다. 어떤 일을 하기 전에 "이 일은 너무나 재미있어"라고 말하고 시작하면 실제 그 일에 대한 흥미가 높아집니다. 발표를 하기 전에 큰 소리로 "나는 잘할 수 있어", "사람들은 모두 내 발표를 좋아할 거야"라고 말하면, 자신감과 용기가 생겨날 것입니다.

지금까지 살펴본 내용들을 정리하자면, 먼저 행동을 하라는 것입니다. 행복해지고 싶으면, 웃으세요. 당당해지고 싶으면,

허리를 펴고 상대를 자신 있게 바라보세요. 분노를 잘 참고 인내심을 기르고 싶으면, 수시로 이렇게 말하세요. "나는 인내심이 있는 사람이다. 나는 분노를 잘 조절한다." 자신이 한 말과 행동에 생각과 감정이 맞춰지고 있다는 사실을 잊지 마세요.

물론 실제로 행동하기 힘들 수도 있습니다. 그렇다면 상상 속에서 그런 행동을 하는 자신을 생생하게 떠올려 봅니다. 한두 번으로는 안 되고, 여러 차례 자발적으로 그런 행동을 하는 자신을 떠올려야 합니다.

우리의 뇌는 반복되는 상상을 실제 일인 것처럼 착각하는 경향이 있습니다. 따라서 자신이 원하는 행동을 하는 모습을 계속 떠올리다 보면 감정도 원하는 방향대로 따라올 것입니다. 그런 다음에는 실제로 자신이 원하는 행동을 할 수가 있을 것이고, 그 후에는 감정도 행동도 내가 원하는 대로 자연스럽게 바뀔 수 있습니다.

당신의 감정에는 당신만의 사연이 있다

우리가 적극적으로
관찰하며 살아야
하는 이유

지금까지 살펴본 대로 인간은 생각, 감정, 행동, 신체 상태 등 내부적 요소를 일관된 방향으로 통일하려는 경향이 있습니다. 그것은 우리가 생각하는 것보다 훨씬 강력하게 작용합니다. 자신이 한 생각에 맞게 감정을 만들어 내고, 자신의 신체 상태에 맞추어 감정이 조절됩니다. 의미 없이 한 행동에도 뇌는 온갖 핑계를 만들어 냅니다. 페스팅거는 이렇게 이야기했습니다. "인간은 합리적인 존재가 아닌, 합리화하려는 존재이다."

이렇게 얻은 통일성을 통해 궁극적으로 우리가 얻고자 하는 것은 '나는 정확히 조절되고 있다'라는 믿음입니다. 내 안의 요소들이 서로 유기적이며 통일성을 가지고 있다는 믿음은 우리에게 조절감을 줍니다. 조절감이란 예측이 가능하다는 것을 뜻합니다. 내가 억울하게 당했다고 생각하면, 분노라는 감정이 따라올 것이라고 예측할 수 있습니다. 분노라는 감정은 신체 증상과 행동도 예측 가능한 방향으로, 즉 통일성을 갖는 방향으로 이끕니다.

억울한 일을 생각하는데, 감정은 제멋대로 행복감을 느끼거나 슬퍼하거나 하며 오락가락한다면 우리는 몸과 마음이 조절력을 상실했다고 느낄 것입니다. 예측이 불가능해진다는 것은 곧 조절력의 상실을 의미하며, 조절력의 상실은 인류가 가장 두려워하는 것 중 하나입니다. 생각, 감정, 행동, 신체 상태를 한 방향으로 통일해서 얻고자 하는 것은 '내 내부가 잘 작동하고 있으며, 각각의 요소들은 예측 가능한 것이다'라는 느낌입니다. 간단히 표현하면 예측 가능한 규칙 안에 자신이 속해 있다는 안도감을 얻고 싶은 것입니다.

도식, 세상을 이해하는 마음의 틀

지금까지 인간은 자신의 행동, 감정, 신체 상태, 생각을 통일하고 예측할 수 있게 규칙화하려는 경향이 있음을 살폈습니다. 그렇다면 더 나아가 외부 세상이나 타인과의 관계에서도 우리는 예측 가능한 규칙들을 만들려는 경향이 있지 않을까요?

세상을 전혀 모르는 갓난아이는 자라면서 외부와 접하고 여러 가지 경험들을 하게 됩니다. 이런 과정을 통해 세상을 바라보는 시각을 정립하며, 외부 현상에 대한 나름의 법칙을 만들어 갑니다. 피아제는 사람이 세상을 이해하는 이런 마음 속 법칙들을 '도식(schema)'이라고 불렀습니다.

도식이란 세상을 이해하는 각자 마음의 틀입니다. '유리컵을 던지면 깨진다', '물건을 높은 곳에서 놓으면 아래로 떨어진다', '물은 컵의 형태에 따라 모양이 변한다' 등의 간단한 물리법칙에서부터 어떤 물건이나 상황이 위험한 것인지 또는 안전한 것인지를 이해하며 그 상황에서 자신은 어떻게 행동해야 하는지에 대한 경험들이 이러한 도식을 형성합니다. '뜨거운 음식을 바로 먹으면 위험할 수 있다. 일단 입으로 후후 불어서 천천히 먹어야 한다'와 같이 상황에 따른 해석과 그에 맞는 행동양식들도 도식으로 마음속에 자리 잡습니다.

이처럼 처음 보거나 낯선 환경에서는 당황하지만 여러 번 경험하면서 '그것은 이런 거다'라는 도식을 만들어 놓으면, 다음에 같은 상황에 처했을 때 그 도식에 의해 그 상황을 더 잘 이해하고 적합한 행동방식을 취할 수 있습니다.

이런 도식은 특정 상황이나 물건에만 적용되는 것이 아닙니다. 인간관계에서도 수많은 도식들이 만들어집니다. '내가 이렇게 하면, 상대는 이렇게 하더라', '상대가 이렇게 하면 나는 이렇게 반응해야 한다', '이런 상황에선 이런 식으로 행동하는 것은 옳다. 혹은 옳지 않다' 등등. 당위적 기대도 이 도식 안에 포함됩니다. 내 마음속에 자리 잡고 있는 '이렇게 하는 것이 옳은 것이다'라는 당위적 기대는 도식의 또 다른 이름인 것입니다.

인간이 이렇게 도식을 만드는 이유는 무엇일까요? 도식은 생존에 매우 중요합니다. 복잡하고 수도 없이 많은 변화들을 일일이 다시 생각하며 판단할 수 없습니다. 이전에 보았던 것과 경험했던 기억들로 이루어진 법칙들에 의거하여 자신도 모르는 사이에 즉각적으로 판단하고 행동해야 합니다. 어떤 단서나 변화를 포착했을 때 재빠르게 미리 정해 놓은 판단과 행동을 취하면 갑작스러운 위기 상황을 모면할 가능성이 커집니다. 그저 외부환경에 대책 없이 휘둘렸던 입장에서 마음속 법칙을 통해 미리 예상하고 거기에 맞게 대처할 수 있기 때문입니다. 따라서 도식이 정확할수록 세상은 예측 가능하게 되며, 그 안에서 우리는 조절감을 맛볼 수 있습니다.

외부 세계를 이해하고 예측하게 해 주는 정확한 도식에 대한 소망은 무척이나 강합니다. 인류가 자연을 이해하기 위해 필사적으로 노력을 하며, 실생활에는 무의미해 보이기까지 하는 자연의 법칙들을 발견하려고 막대한 비용을 쏟아붓는 것도 그런 이유일지 모릅니다. 외부 환경에 대한 법칙, 즉, 도식은 무기력함과 수동성을 극복하게 하고 우리에게 조절감을 선물합니다. 외부 현상이 우리가 예측한 대로 맞아 떨어질 때 우리는 극도의 쾌감을 맛봅니다. 과학의 발전, 그 원동력은 외부 세계를 예측하고, 능동적인 조절감을 가지고자 했던 인류의 소망입니다.

잘못된 도식은 수정되어야 한다

조절감을 지닐 때, 즉 예측 가능한 상황에 있을 때 인간은 안도와 위안을 얻습니다. 슐로모 브레즈니츠(Shlomo Breznitz)라는 심리학자는 고통과 예측 가능성에 대한 실험을 했습니다.

그는 참가자들에게 한 팔을 얼음물 속에 집어넣도록 했습니다. 얼음물 속에 신체의 일부분을 넣는 것은 순간 큰 고통을 느끼게 합니다. 실험 참가자들을 두 그룹으로 나누어 한 그룹에게는 고통스러워도 최대한 참을 수 있는 만큼 참아 보라고 이야기했고, 나머지 그룹에게는 4분 동안 실험이 지속되며 그 이후에는 얼음물에서 손을 빼라고 이야기를 해 줬습니다.

어느 그룹이 더 오랫동안 고통을 참을 수 있었을까요? 4분 동안 실험이 지속된다고 알려 줬던 그룹에서는 60퍼센트가 4분 동안 고통을 참았습니다. 반면, 그저 참을 수 있는 만큼 참아

보라고 했던 그룹에서는 30퍼센트만이 4분 동안 고통을 참았습니다. 이렇듯 인간은 예측 가능한 상황에 있을 때 고통도 더 잘 참아 내며 안도감을 갖는 것입니다.

스키너(Skinner)는 펭귄을 관찰하며 흥미로운 현상을 알아냈습니다. 별다른 변화 없이 15초마다 규칙적으로 먹이를 주는 데도 펭귄들은 그 안에서 자신들만의 법칙을 만들어 내고 있었습니다.

펭귄들은 먹이가 주어질 때 하던 행동을 이후에 반복했습니다. 우연히 시기가 일치된 의미 없는 행동이 먹이를 얻게 된 이유로 생각한 것입니다. 즉, 펭귄의 뇌에 도식이 만들어진 것입니다. '내가 이렇게 행동을 하니깐 외부에서 먹이가 오더라.' 이후 먹이를 먹기 위해 그 행동을 반복했습니다. 어떤 펭귄은 계속해서 시계 반대 방향으로 걸어 다니고, 또 다른 펭귄은 어딘가에 머리를 박고 있었습니다.

결국 인간도 마찬가지입니다. 우리는 순간순간 인과관계를 만들어 내고 그 인과관계에 따라 세상을 이해하고 자신의 행동 지침을 만듭니다. 세상을 예측하고 통제해 보려는 욕구는 나도 모르는 사이 수도 없이 많은 도식을 만들고 있는 것입니다.

여기서 우리는 한 가지를 알 수 있습니다. 우리가 세상을 이해하고 예측하기 위해 만든 도식들은 틀릴 가능성 또한 높으

당신의 감정에는 당신만의 사연이 있다

며, 수시로 수정되고 변화되어야 한다는 것입니다. 단순한 우연이나 상관없는 인과관계를 도식으로 만들어 놓았다면 세상을 보는 시선은 왜곡되고, 우리의 판단은 잘못될 것입니다. 마치, 먹이를 얻기 위해 계속해서 시계 반대 방향으로 돌고 있는 펭귄처럼 말이지요.

정신의학자 브루스 웩슬러(Bruce Wexler)는 '인간은 인생의 반을 세상에 맞는 규칙을 알아내기 위해서 보내고, 나머지 반은 자신이 만든 규칙에 세상을 맞추기 위해서 살아간다'고 했습니다. 여기서 말하는 규칙은 도식과 같은 개념으로 봐도 될 것입니다.

여러 낯선 환경에 처하게 되는 성장기에는 도식도 유동적이며 쉽게 바뀝니다. 하지만 성인이 되어 어느 정도 비슷한 상황들에 대한 경험이 쌓이고 거기에 대한 도식이 만들어진 이후에는 기존의 도식은 너무도 굳건해집니다. 도식이 틀리는 상황이 오고, 자신의 도식 때문에 문제가 발생되는 때가 와도 대부분의 사람들은 도식을 바꾸려 하지 않습니다. 급기야는 자신의 도식과 맞지 않는 현상을 무시합니다.

또한 자신과 다른 도식을 가진 타인들은 아예 보려고 하지 않습니다. 그냥 감정적으로만 타인이 잘못됐다고 평가해 버립니다. 자신의 도식이 틀렸다고 인정하는 것은 그동안 유지되었던 외부 세계에 대한 조절감이 붕괴되는 것과 같기 때문입니다.

나이를 먹을수록 우리는 자신과 사고방식이 다른 사람의 이야기를 듣기 싫어합니다. 같은 현상을 보아도 자신이 보고 싶은 대로 보고, 듣고 싶은 대로 듣습니다. 자신과 인생관이나 정치관, 세계관이 다른 사람을 만나는 것을 불편해합니다.

자신과 다른 도식을 가진 사람을 어떻게든 설득하려 하고, 그게 안 되면, 그 후에는 그냥 무시하려고 합니다. 또는 정도 이상으로 미워하고 적대시하기도 합니다. 수많은 정보 속에서 자신의 도식과 일치하는 정보만을 취득합니다. 그리고 자신의 도식이 맞는다는 근거로 삼고 속으로 안심합니다. '세상은 내가 보는 관점이 맞는 거야.' 이렇듯 내가 인식하는 세상은 사실과 다르게 왜곡되어 있을 가능성이 있습니다. 그것은 또한 불필요한 감정을 만들어 낼 수 있습니다.

가령 '나이 어린 사람은 어른에게 말대꾸를 하면 안 된다'라는 일종의 법칙(도식)을 갖고 있는 사람은 자신보다 어린 사람이 말대꾸를 하면 분노를 느낍니다. 도저히 있어서는 안 될 일이 발생한 것처럼 감정이 격해집니다. 그는 자신이 무시당한 듯 화를 내지만 정작 상대의 의도는 크게 다를지 모릅니다. 오히려 어떤 일을 도와주거나 유용한 의견을 제시하기 위해 말대답을 한 것일지도 모릅니다.

각자의 도식은 이처럼 유용하기도 하지만, 경우에 따라 왜

당신의 감정에는 당신만의 사연이 있다

곡된 생각과 감정을 만들어 내기도 합니다. 현실과 맞지 않고, 더 이상 도움이 되지 않는 도식은 바뀌어야 합니다. 그것이 실제 행복에 더 이바지할 수 있습니다.

적극적으로 세상을 관찰하라

어쩔 수 없이 내 생각이 틀렸다고 인정하고 도식을 바꾸어야 하는 상황에 처하게 되면 우리는 무기력감을 느끼고 조절감에 상처를 입게 됩니다. 하지만 외부 세상을 적극적으로 탐구하는 태도를 통해 스스로 도식을 수정한다면 조절감에 상처를 받지 않습니다. 자기가 가진 당위적 기대, 즉 도식의 함정에서 벗어날 수 있는 길은 차분하면서도 적극적인 태도로 외부에서 일어나는 현상과 정보들을 살펴보는 것입니다.

앞서 설명한 대로 나와 맞지 않는 정보는 나도 모르게 무시되고 있습니다. 그것을 극복해야 합니다. 디테일에 주목합시다. '어린 사람이 말대꾸를 하는 것은 잘못된 것이다'라는 판단을 해 버리기 전에 세세한 정보들에 관심을 가지는 것입니다. 지금 있는 장소와 분위기도 한번 돌아보고, 상대편의 얼굴 표정, 말투, 자세 등에도 세심하게 주의를 기울입니다.

그렇게 디테일에 집중을 하다 보면, 이후에 하는 판단은 더 객관적일 수 있고, 실제 사실에 가깝게 될 것입니다. 나도 모르게 무시되는 정보가 줄어들 것입니다.

'신체 상태에 변화를 주어 감정 조절하기'에서도 제3자가 된 것처럼 자신의 몸과 마음을 관찰하라는 이야기를 한 바 있습니다. 마찬가지입니다. 그런 태도를 더욱 확장시키는 것입니다. 제3자가 된 듯 한 발짝 떨어져서 내가 속한 상황을 바라보세요. 지금의 상황이 영화의 한 장면이라고 한다면, 영화를 보고 있는 관객이 되세요. 나와 상대편, 그리고 배경을 관찰하세요. 상대의 말투, 표정, 행동에 집중하고 소품, 소리 등도 하나하나 바라보고 들어 보는 것입니다.

내 마음을 다스리는 제3자 관찰법

하루에 두 번 정도 10분간 외부 환경과 타인을 관찰합니다. 어느 장소 어떤 상황이건 괜찮습니다. 편하다고 생각되는 때 하루 두 번 정도 외부를 세심하게 관찰해 보는 것입니다.

다음의 질문들을 읽고 천천히 생각해 본 뒤 예시를 따라 정리해 봅시다.

1. 당시 상황을 객관적으로 서술합니다.

예) 저녁 9시쯤 헬스장으로 들어가고 있었다. 입구에 서 있던 사람들이 나를 바라보았다.

2. 자세히 관찰하기 전에 느꼈던 생각이나 감정은 무엇입니까?

예) 내가 살쪘다고 비웃는 것만 같았고, 나를 무시한다는 생각이 들었다. 너무나 비참해서 그냥 집으로 가 버리고 싶은 생각이 들었다.

3. 당시 주변 환경에 대해서 자세히 관찰해 봅니다.

예) 헬스장 안에는 사람이 2~3명 정도 있을 정도로 한산했고, 입구에는 커다란 TV가 놓여 있었다. 그때 연예 프로그램이 방송되고 있었다.

4. 당시 타인에 대해서 관찰해 봅니다. (표정, 말투, 옷차림, 태도 등)

예) 운동을 하고 나오는 것 같았다. 땀이 많이 난 상태였으며, 숨을 몰아쉬고 있었다. 표정은 다소 무표정했고, 나를 바라볼 때도 큰 변화는 없었다. 멍한 느낌이랄까. 누구를 무시한다거나 이상하다고 생각하며 바라보는 표정은 아닌 것 같다. 어쩌면 내 뒤에 있었던 TV를 보려고 했던 건지도 모른다.

5. 관찰하면서 느낀 점은 무엇입니까? 또 관찰하기 전과 달라진 점은 무엇입니까?

예) 아마도 그 사람들은 나에게 크게 관심이 없었던 것 같다. TV를 보려고 했을 가능성이 크다. 물론 그 사람들 마음까지 알 수는 없지만, 나는 그저 나를 이상하게 봤을 것이라고만 생각했다. 크게 신경 쓸 일이 아닌 것 같다.

당신의 감정에는 당신만의 사연이 있다

객관적인 관찰을 통해 내 마음속에 있는 도식을 바꿀 수 있는 근거들을 얻을 수 있습니다. '자세히 살펴보니 내가 생각했던 것과 다르구나' 하고 느낀다면 그때마다 마음속의 도식을 조금씩 수정하세요. 능동적인 관찰을 통해 보다 합리적인 사고를 해 나갈 수 있습니다.

적극적인 관찰자가 되세요. 내 눈앞에 펼쳐지는 광경에 대해 수동적으로만 인식하지 마세요. 적극적인 의도를 가지고 구석구석 변화와 디테일을 관찰하세요.

들리는 것에 대해서도 마찬가지입니다. 그저 수동적으로 느끼는 것이 아니라 관심을 기울이고 들리는 소리에 관심을 집중하세요. 이것은 잘못된 나의 도식과 생각을 교정하게 해 주며 동시에 능동감을 주되 결코 조절감을 훼손하지 않습니다. 나의 몸과 마음, 또 외부 세계에 대한 적극적이고도 차분한 관찰은 참 중요합니다.

부정의 고리를
끊고
긍정의 고리 만들기

　최근 긍정의 가치나 힘에 대한 내용이 이슈가 되고 있습니다. 긍정적인 생각을 하는 사람이 여러 가지로 유리하며 더 행복할 수 있다는 것입니다. 실제로 우리는 긍정적인 사람을 좋아하는 경향이 있습니다. 비관적이고 불평하는 사람보다는 긍정적인 생각을 하고 잘될 수 있다는 이야기를 건네는 사람을 옆에 두고 싶어 합니다.

　'거울 뉴런'이라는 것이 있습니다. 다른 사람이 하는 행동을 관찰하기만 해도 우리의 뇌는 마치 내가 그 행동을 하는 것과 비슷한 작용을 나타내는데, 이런 현상을 가능하게 하는 신경세포가 바로 거울 뉴런입니다. 즉, 상대가 밝은 목소리로 이야

　　　당신의 감정에는 당신만의 사연이 있다

기하며 미소를 짓는다면, 정도는 약하겠지만 나의 뇌는 내가 그런 행동을 하는 것과 같은 작용을 보입니다. 얼굴을 찌푸리고 투덜거리는 사람을 보면, 나도 모르게 우리의 뇌는 그런 행동을 가상으로 따라합니다.

우리가 남의 입장을 이해하고 공감할 수 있는 것은 이 거울 뉴런 덕분이라고 알려져 있습니다. 근처에 기분 좋은 사람들이 있으면 나도 모르게 나도 기분이 좋아지는 반면, 불만이 가득한 사람이 옆에서 짜증 부리는 것을 듣고 있으면, 나도 짜증이 나고 화가 나는 것도 거울 뉴런의 작용으로 설명할 수 있습니다.

따라서 우리는 자신도 모르게 긍정적으로 생각하며 잘 웃고 친절한 사람을 곁에 두고 싶어 합니다. 반대로 말하면, 긍정적으로 생각하고 긍정적인 감정을 주로 느끼는 사람은 친구도 많고, 주위 사람들도 그에게 호감을 느낀다는 뜻입니다.

행복한 사람이 더 행복해진다

지금까지 살펴본 대로 감정, 생각, 신체 상태, 행동이라는 네 가지 요소는 서로에게 영향을 주고 있습니다. 이로 인해서 하나의 고리가 만들어지게 됩니다. 하나의 요소에서 시작된 영향은 다른 요소들을 바꾸어 놓고, 다시 돌아와 자신을 강화시키는 순환을 형성하는 것입니다. 예를 들면, 긍정적인 생각은 긍정적인 감정을 만들고, 긍정적인 감정은 긍정적인 행동을 만듭니다. 다시 긍정적인 행동은 긍정적인 생각을 더욱 강화시켜 줍니다. 이렇게 돌고 돌며 서로 강화시켜 주는 선고리가 형성될 수 있습니다.

행복한 사람은 자신에게 주어지는 정보 중에 즐거운 것과 긍정적인 것을 먼저 알아차리고 주의를 기울입니다. 이런 정보는 다시 긍정적인 생각을 더욱 강화시키고 다시 긍정적이고 행복한 느낌을 확대시킵니다. 이러한 긍정적인 선순환의 힘은 막강합니다. 이런 선순환은 행복감과 자신감을 증폭시키고 스트레스를 잘 극복하게 합니다. 사회생활에서도 성공할 수 있는 기반이 되어 줍니다.

다소 극단적인 예를 하나 들어 보겠습니다. 아주 흔한 이야기입니다. 사막에 나 홀로 조난을 당했을 때, 긍정적인 생각을 하는 사람과 부정적인 생각을 하는 사람이 어떻게 다른가 하는 이야기입니다.

남아 있는 물은 반병이라고 해 봅시다. 우선 긍정적인 사람은 남아 있는 물을 보며 "물이 반이나 남아 있군" 하며 안심할 것입니다. 이런 긍정적인 생각은 불안을 감소시키고 몸에 일어난 위기 반응(교감신경항진)을 안정화합니다. 맥박과 심장박동이 안정되고, 땀이 나지 않습니다. 입도 심하게 마르지 않고, 에너지 소비를 최소화합니다. 이런 상태라면, 물과 음식을 소량만 섭취해도 상당 기간 생존할 수 있고, 그만큼 구출될 확률도 커집니다.

반대로 부정적인 사람은 남아 있는 물을 보며 "물이 반밖에 남지 않았네" 하고 걱정부터 할 것입니다. 이런 부정적인 생각은 불안을 유발하고 몸의 교감신경을 활성화시킵니다. 이 비상체제는 맥박을 빠르게 하고 심장박동을 커지게 합니다. 에너지 소비가 증가하며, 입이 마르고, 땀이 흐릅니다. 갈증이 더욱 심해집니다.

물을 마시게 되고, 이내 줄어든 물을 보며, '물이 이젠 더 적어졌다'면서 부정적인 생각이 더욱 강해집니다. 악순환이 발생한 것입니다. 이런 상태라면, 물은 금방 소진될 테고 탈수로 인해 생존 가능성도 줄어들게 될 것입니다.

현실에서는 일어나기 힘든 일이긴 하지만, 이 이야기를 통해 긍정의 선순환이 작동했을 때 스트레스를 더 잘 극복할 수 있고 몸과 마음도 더욱 행복해지는 방향으로 나아감을 볼 수 있습니다. 반대로 부정이라는 악순환이 작동한다면, 점점 더 불행이라는 방향으로 빠져들 가능성이 있습니다.

이것은 어떻게 보면 참 불공평해 보입니다. 기존에 행복한 사람이 앞으로도 행복하고 즐거울 가능성이 크다니요. 긍정적인 사람은 스트레스도 더 잘 극복하고 인기도 많습니다. 행복한 감정을 더 많이 느끼기 때문에 미소를 더 많이 짓게 되고, 이것이 사람을 끌어당깁니다. 그것은 다시 행복감을 더욱 강화해 줍니다.

정작 불행의 늪에서 벗어나고 싶고 사람들과 잘 지내보려고 하는 사람들은 미소를 짓기가 어렵습니다. 자신이 불행하다고 느끼고 있기 때문입니다. 어두운 표정은 내 감정을 부정적으로 만들고 주위 사람들을 떠나게 만듭니다. 그리곤 다시 생각합니다. '나를 좋아하는 사람은 아무도 없어.' 이렇게 연결되는 악순환의 고리를 어디선가 끊어야 합니다. 그리고는 선순환의 시작으로 갈아타야 합니다.

작은 변화부터 시작하라

동료들과 이런 주제로 논쟁을 한 적이 있습니다. '환자가 많은 병원의 의사들을 가만히 살펴보니 친절하고 긍정적인 마인드를 가지고 있더라' 하는 이야기였습니다. 이야기를 하다 보니 단순히 친절했기 때문에 병원이 잘된 것이라고 볼 수만은 없는 사례가 있었습니다.

개업한 선배 중에 친절이나 긍정적인 생각과는 거리가 먼 선

당신의 감정에는 당신만의 사연이 있다

배가 있었습니다. 그 선배는 우연히 목이 좋은 곳에 병원을 열게 되었고, 기본적으로 어느 정도 환자들이 찾아오는 상황이 되자 기분도 좋아지고 생각도 긍정적으로 바뀌었습니다. 그 후 그런 긍정적인 순환은 더 잘될 것 같다는 생각을 만들고, 그런 마음과 생각이 미소와 친절이라는 행동으로 나타났습니다.

그런 행동은 그 선배를 소위 대박 의사라는 반열에 올려놓았습니다. 사람들은 사람이 많은 병원이니 무언가 더 좋겠지 하는 생각으로 그 병원을 더 찾았습니다. 처음에는 긍정이라는 선순환에 있지 않았으나 우연한 계기로 선순환이 시작된 것입니다.

이렇게 부정이라는 악순환의 고리를 끊고 선순환으로 들어가기 위해서는 계기가 필요합니다. 선배의 경우처럼 저절로 그런 계기가 주어지는 경우도 있겠지만, 이것은 극소수에 불과하며, 스스로 계기를 만들어 내야 합니다. 작은 변화라도 긍정적인 내용을 만들어 낼 수 있는 것이 필요합니다.

첫 번째로 생각할 수 있는 것은 긍정적인 생각입니다. 무조건 긍정적인 방향으로 생각할 수는 없겠지만, 애매한 상황이라면 긍정적으로 해석하려고 노력합니다. 아니 일부러라도 그렇게 해 봅니다. 물이 반병 남은 상황이라면 긍정적인 해석도 가능하고, 부정적인 해석도 가능합니다. 우리 일상에서 일어나는 일들도 그런 것이 대부분입니다.

절대적으로 나쁘거나 좋은 상황도 있겠지만, 두 가지 가능성 모두 있는 상황이 많습니다. 특히 긍정적인 가능성이 더 크거나, 적어도 좋을 가능성과 나쁠 가능성이 반반 정도 되는 상황이라면 긍정적인 생각을 해야 합니다. 부정의 고리에 있는 사람은 긍정적인 가능성이 큰 상황에서도 아주 작은 부정의 가능성에 집중합니다. 이것을 수정해야 합니다.

두 번째로는 실제로 긍정적인 상황에서 할 수 있는 행동을 하는 것입니다. 이것은 이미 앞에서 설명한 이야기입니다. 직접적인 행동을 하는 것이 어렵다면 상상을 해 보세요. 즉, 자신이 실제 어떤 행동을 하지 않아도 먼저 머릿속에서 자유롭게 상상함으로써 비슷한 효과를 거둘 수 있는 것입니다. 이것을 이용해야 합니다.

미시간 주립대학교의 나키아 고든(Nakia Gordon)은 실험을 통해 자신의 웃는 모습을 상상한 뒤에는 행복감이 들며, 자신의 우는 모습을 상상한 뒤에는 슬픔을 느낀다는 것을 알아냈습니다. 이렇게 긍정적인 행동을 하는 자신의 모습을 상상하는 것만으로도 기분이 달라질 수 있습니다.

긍정적인 행동을 하는 자신의 모습을 자꾸 떠올리세요. 사람들 앞에서 당당하게 연설하는 모습, 스트레스 상황에서도 여유 있게 대처하는 모습, 일을 잘 처리하는 모습 등 평소에 하고 싶었던 모습을 자꾸 상상하세요. 그리고 기분이 좋을 때

하는 행동도 상상하세요. 해변가에서 기분 좋게 거니는 모습, 밝게 미소 짓고 있는 자신의 얼굴, 따뜻하게 사람들을 도와주는 자신의 모습 등을 떠올리세요. 자신만의 안전지대를 생각하며 그 안에서 행복해하는 자신의 모습을 떠올려도 좋습니다. 또한 복식 호흡을 하며 머리로는 긍정적인 행동을 하는 자신의 모습을 떠올리는 것도 좋습니다.

세 번째로는 자신의 목표를 구체적이고도 실현 가능한 것들로 정해 보는 것입니다. 쉬운 것들이지만 그것을 해냈다는 작은 성취감들이 모여서 자신감을 만들고, 선순환으로 들어가게 해 줄 것입니다.

악순환에 빠져 계신가요? 이제 선순환으로 갈아타세요.

무기력증? 작은 일이라도 시작하라

정신과에서는 흔히 '정신 에너지'라는 것을 이야기하곤 합니다. 생각하거나, 집중하거나, 감정을 조절하거나, 의욕을 갖기 위해서는 정신 에너지가 필요하다고 보는 것입니다. 신체를 움직이고 생명을 유지하기 위해 열량 같은 신체 에너지가 필요한 것처럼, 마음을 움직이기 위한 연료로써 정신 에너지가 필요한 것이지요.

예를 들어 같은 강도의 스트레스에 누군가는 포기하지만, 누군가는 금세 의욕을 되찾고 새로운 일을 찾습니다. 정신 에너지가 충만한 사람은 다시 힘을 내고 새로운 희망을 찾지만, 부족한 사람은 신체에 아무 문제가 없이도 무기력해지고 아무 일을 하지 않으려고 합니다. 신체 에너지는 괜찮지만, 정신 에너지가 고갈된 것입니다.

그렇다면 고갈된 정신 에너지는 어떻게 다시 채워야 할까요? 상당히 어려운 이야기이고 수많은 이론과 방법이 있지만, 오늘은 가장 기본적인 것을 설명해 보겠습니다.

저는 신체 에너지와 정신 에너지의 관계를 자동차에 빗대어 설명하곤 합니다. 신체 에너지가 휘발유라면, 정신 에너지는 배터리와 같은 것이라고 말이지요. 자동차의 시동을 걸려면 배터리의 전기 에너지가 필요합니다. 우리가 어떤 일을 하려고 마음먹으려면 정신 에너지가 필요한 것과 같습니다.

또한, 실제 차를 굴러가게 하는 것은 휘발유인 것처럼, 결심을 한 뒤 실제 행동에 옮기는 것은 신체 에너지가 맡게 됩니다. 실제 환자들은 가벼운 운동이나 취미를 권해도 의욕이 생길 때 하겠다고 합니다. 배터리가 부족한 상태이므로 충전이 다 되면 시동을 걸겠다는 생각이지요. 하지만 시동을 걸지 않고 놔둘수록 배터리는 더욱 방전됩니다. 나중에는 아예 시동조차 걸 수 없을 정도가 되어 버리지요.

하지만 일단 시동을 걸고 휘발유의 힘으로 차가 움직이면 배터리는 충전되기 시작합니다. 차가 움직이는 힘으로 배터리를 충전하기 때문입니다. 즉, 배터리가 줄어들었다고 가만히 있으면 곧 방전되고 맙니다만, 한번 힘을 내어 시동을 걸고 달리다 보면 생각치도 못하게 배터리가 충전되는 것입니다.

정신 에너지도 마찬가지입니다. "도저히 운동할 의욕이 없어요. 다시 일을 시작할 수가 없어요. 더 나아지면 그때 할게요"와 같은 말 대신 작은 에너지라도 발휘하여 쉬운 일부터 시작해 보세요. 일단 시동을 거는 것입니다.

몸을 움직이는 것, 즉 신체 에너지의 소비는 정신 에너지를 충전합니다. 작은 의욕이 더 큰 의욕을 불러올 것입니다. 우울증이나 무기력함, 게으름은 벗어나는 때를 기다리지 마세요. 그저 작은 행동 하나면 됩니다.

100퍼센트 실현할 수 있는 목표를 세우는 법

목표는 구체적일수록 좋습니다. 단순히 '살을 빼겠다'보다는 '하루에 10분 동안 운동을 한다'처럼 목표를 세우는 것입니다. 자신이 당장 할 수 없는 높은 목표는 도움이 되지 않습니다. 지금이라도 간단한 노력으로 해낼 수 있는 것부터 목표로 삼아 보세요. 한 시간 동안 집중해서 일해 보기, 집 앞에 나가서 산책하기 등부터 시작해 보세요. 일단 무언가를 해냈다는 성취감을 느낄 필요가 있습니다. 그런 감정들이 선순환을 시작하게 해 줄 것입니다.

계획을 아주 쉬운 것부터 가장 어려운 것까지 상세하게 정해 봅니다. 일에 관련된 것도 좋고, 자신의 하루 일과에 관련된 것도 좋습니다. 무엇이든 상관없습니다. 자신이 하나하나 단계를 밟아가며 해낼 수 있는 지침서를 만드는 것입니다. 성취감을 느끼세요. 나는 해낼 수 있다는 마음과 생각은 긍정의 순환으로 들어가는 열쇠가 되어 줄 것입니다.

당신의 감정에는 당신만의 사연이 있다

감정 연습 5

당신의 방이 더러운 이유

예전에 한 선배 의사가 초등학생 아이를 치료했던 사례가 기억납니다. 아이는 폭력적인 성향이 강했습니다. 부모는 자주 싸웠고, 아이는 관심을 가지고 돌보아 주는 사람도 없었습니다. 아이는 부모의 사랑을 갈구하면서 동시에 부모를 무척이나 미워했습니다. 극단적으로 분열된 이 두 가지의 마음의 파편 때문에 아이는 무척이나 혼란스러워했습니다.

아이는 집에 있는 접시와 도자기를 던져서 깨는 걸로 분풀이를 했습니다. 그것은 그 아이의 마음 상태를 상징하는 것이었습니다. 하나로 통합되지 못하고 파편이 되어 있는 아이의 마음은 접시가 깨져 조각난 상황과 같았습니다. 아이는 은연중에 자신의 마음을 표현하고 있었던 것입니다.

치료를 받기 시작한 지 몇 개월이 지난 어느 날, 아이는 접착제로 자신이 깬 도자기를 다시 맞추었습니다. 선배 의사는 그 아이에게 이렇게 말해 주었습니다. "그 도자기는 너의 마음이

었단다. 이제 너도 너의 마음을 모으고 치료해 가려는 힘이 생기고 있구나."

아동 심리학자인 셀마 H. 프레이버그(Selma H. Fraiberg)의 저서 《마법의 시간 첫 6년》에는 수술을 받기 위해 입원한 한 아이 이야기가 나옵니다. 그 아이는 기계 다루는 것을 좋아했는데, 입원한 뒤 엄마에게 고장 난 시계를 하나 가져다 달라고 합니다. 그리고 입원 중 필사적으로 그 시계를 고칩니다. 평소였다면 그 아이의 수준에서는 고칠 수 없는 것이었습니다.

그 아이는 그렇게 수술을 해야 한다는 공포심을 이겨낸 것입니다. 고장 난 시계는 아픈 자신을 상징했고, 고쳐진 시계는 자신도 그렇게 나아질 것이라는 확신을 갖기 위한 필사적인 노력의 산물이었습니다. 물론 아이는 그 시계에 자신이 이런 의미를 부여했다는 것까지는 몰랐을 것입니다.

이처럼 우리는 우리도 모르는 사이에 사물이나 환경에 마음을 비춥니다. 그리고는 그것을 자기의 마음인 것처럼 다룹니다. 무의식중에 말이지요. 그래서 저는 가끔 환자분들에게 방이 어떤 상태인지 묻습니다. 물론 방이 깨끗한지 더러운지 그 사실이 궁금한 것이 아닙니다. 방은 자신의 마음을 상징할 때가 많기 때문입니다. 마음이 정리가 안 되고 혼란스럽다면 방도 혼란스럽고 정리가 안 되어 있을 가능성이 큽니다.

당신의 감정에는 당신만의 사연이 있다

자, 방을 정리해 봅시다. 그러면서 생각하십시오. '여기는 내 마음이고 지금 내 마음을 정리하고 있다', '방의 더러움을 청소하듯 내 마음도 대접해 주고 있다'라는 식으로 말입니다. 이렇게 일상생활에서 마음과 빗댈 수 있는 것을 찾아 존중해 주고, 의미를 부여해 보세요. 이것은 큰 효과가 있습니다. 이런 일상 속의 작은 습관들이 마음의 변화를 만들어 냅니다.

얼마 전 환자 중 한 분이 뜨개질을 배우기 시작했습니다. 저는 뜨개질을 하는 실이 본인의 마음이라고 생각하라고 했습니다. 그러면서 한 바늘씩 뜨개질을 할 때마다 헝클어진 마음을 다스리고 다시 모으고 있다고 생각하도록 했지요. 우리의 마음은 늘 주변에서 자신을 상징하는 것을 찾기 때문에, 무언가를 만들 때 자신의 마음을 빗대어 보기를 바랍니다.

우리는 타인의 마음에 자신을 빗대기도 합니다. 타인에게 화를 많이 내고 가혹하게 몰아가는 사람은 자신에게도 똑같이 대합니다. 상대를 존중하고 따뜻하게 대하는 사람은 자기 자신도 존중하고 따뜻하게 대합니다.

우리는 이런 점을 이용해야 합니다. 주변에 있는 사물들을 살펴보세요. 자신의 마음을 상징할 만한 것을 찾아 마음을 다잡는 연습을 해 봅시다. 그리고 타인들에게 따뜻하게 대하고 존중하며 대접해 주십시오. 이런 태도는 분명 나 자신을 따뜻하고 존중하며 대접하는 마음을 불러올 것입니다.

부록

)

잠 못 드는 밤 때문에
괴로운 당신을 위하여

정신과적 증상에 대한 편견

프로이트는 정신과적 증상을 '억압(repression)'에 의해 발생하는 것으로 보았습니다. 여기서 증상은 신체로 나타나는 느낌, 표현하기 어려운 기분, 반복되는 행동 정도로 생각합시다.

우리는 비도덕적이거나 처벌의 위험이 있어 의식화할 수 없는 것들을 무의식적으로 격리(억압)합니다. 그러나 이들은 한순간 힘을 내어 억압으로부터 자유로워지려고 하고, 항상 의식의 세계로 올라오려고 합니다.

이러한 시도를 융화시키는 것이 바로 자아입니다. 자아는 억압된 요소들과 타협해 이들이 위장된 채로 세상에 드러나게 합니다. 이 타협의 결과로 의식세계에 드러난 것이 증상입니다.

그렇다면 우리는 증상을 완전히 없앨 수 있을까요? 무의식적으로 억압된 것들에는 접근할 수 없고, 그 어떤 치료로도 이들을 없앨 수 없습니다. 그래서 프로이트는 증상을 없애는 것이 치료의 목표가 아니라고 했습니다. '증상을 다른 증상으로 바꾸거나, 증상을 바라보는 방법을 가르쳐 주는 것이 진정한 목표'라고 말했습니다.

사실 개개인이 다른 이들과 구별될 수 있는 이유는 증

상 덕분입니다. 자기도 모르게 일관된 행동을 하는 것을 성격이라고 하는데, 성격을 무의식적인 것이라고 한다면 성격 역시 증상입니다. 그래서 라캉이 '증상은 스타일'이라고 이야기한 것입니다.

증상을 없애면 인간은 죽게 됩니다. 증상의 청소, 억압물의 깔끔한 청소, 탐욕의 청소는 성스러워 보이지만 사실 이는 죽음을 의미합니다. 증상을 제거하려고 하는 대신 '내가 미워하는 내 성격을 어떻게 받아들일까?', '내가 반복하는 행위의 의미가 무엇일까'라며 자신의 내면과 직면해야 합니다. 그리고 이를 어떻게 자신과 통합할지 고민해야 합니다.

라캉은 증상을 의미하는 'symtome' 대신에 훨씬 오래된 단어인 'sinthome'을 사용합니다. 프랑스어 'homme'는 인간을, 'sin'은 죄를 의미합니다. 이 둘을 합치면 증상은 '죄+인간'이 됩니다.

죄는 저절로 생기는 것이 아닙니다. 무언가를 욕망했기에 죄도 생겨납니다. 죄를 부정적 이미지가 아닌 능동적인 이미지로 바라보면 증상(sinthome)에 대한 다른 시선도 열립니다. 부정적이지만(고통스럽지만) 내가 원하는 무언가가 내포되어 있고, 나를 인간으로 존재하게 해 주는 것이 바로 증상입니다.

조금은 생소하지만 증상을 향한 새로운 시선. 이처럼 정신 분석은 우리를 생소하지만 진실에 가까운 방향으로 나아가게 합니다.

어젯밤 잘 주무셨나요?

간밤에 잘 잤는지 못 잤는지를 어떻게 판단하시나요? 불면증 환자의 대부분은 '깊게 자질 못했다', '자주 깨서 피로를 풀지 못했다'라는 증상을 호소합니다. 많은 사람이 깊게 자지 못했다는 것을 아침에 눈뜨자마자 든 느낌으로 판단합니다. 일어나는 순간에 개운하질 않으면 잠을 푹 못잔 것이라고 판단하는 것입니다.

'수면 관성'이라는 것이 있습니다. 이는 수면의 질과는 관계없이 일어날 때 피곤하고 잠이 모자란 듯한 느낌이 드는 것을 말합니다. 돌이켜 보면 잠을 푹 잔 날 아침에 더 졸렸거나, 잠을 뒤척인 날 아침에 의외로 눈이 번쩍 떠진 경우도 있었을 것입니다. 수면 관성은 수면의 질보다 각자의 특성, 그 순간의 상황에 더 큰 영향을 받아서 그렇습니다.

수면 관성은 30분 정도 유지되는 경우가 대부분이지만,

당신의 감정에는 당신만의 사연이 있다

개인에 따라서 2시간 정도 지속되는 사람도 있다고 합니다. 아침에 일어나자마자 든 잠이 덜 깬 느낌을 불면증의 증거로 생각하기 시작하면 잠을 자꾸 의식하게 됩니다. 그리고 이는 정말 불면증이라는 증상으로 이어지는 것입니다.

잠은 그냥 내버려둘수록, 신경을 덜 쓸수록 더 가까이 다가옵니다. '내가 못잔 것은 아닌가', '어제는 잘 못 잤으니 오늘은 잘 자야해', '오늘도 아침에 졸린 걸 보니 또 푹 못 잤네, 어떡하지?' 등의 생각이 드는 순간 몸은 긴장을 하고 점점 숙면과 멀어지게 됩니다.

지난 밤은 지나갔습니다. 잘 잤는지 못 잤는지 증거를 찾으려 하지 마세요. 어제 잘 못 잤다면 오늘은 푹 자게 될 것입니다. 그렇게 맡겨 두는 자세가 불면증 극복의 첫 걸음입니다.

뇌를 속여야 불면증이 치료된다

'아침형 인간'이란 말이 유행했던 때가 있었습니다. 비교적 일찍 잠을 자고 새벽에 일어나 하루를 시작하는 사람들을 일컫는 것이지요. 그러나 최근 연구에서 개인의 기질에 따라 아침형 인간으로 사는 것이 적합한 사람이 있는가 하면, '올빼미형 인간'으로 사는 것이 더 적합한 사람도 있다는 사실이 밝혀졌습니다.

헌데 올빼미형인 사람들이 억울할 만한 점이 있습니다. 심한 올빼미형 인간은 사회생활을 하는 데 지장이 있는 반면, 심한 아침형 인간은 그렇지 않다는 것입니다. 초저녁에 자서 새벽에 일어나는 아침형 인간은 출근이나 업무를 하는 데 있어 별다른 문제가 생기지 않지만, 새벽에 자야 하는 올빼미형은 아침 출근 자체가 어렵고, 그 과정에서 항상 잠이 부족한 만성 불면증에 시달리게 됩니다.

그렇다면 올빼미형인 사람들은 어떻게 불면증을 극복해야 하는 걸까요? 지금은 자야 할 때라는 사실을 인위적으로 뇌에 전달하는 등 뇌를 속이는 작업이 필요합니다. 정신과에서 가장 많이 쓰는 방법은 '광치료'입니다.

빛은 뇌가 자야 할 때인지 일해야 할 때인지를 판단하는 가장 중요한 정보입니다. 안구에 강한 빛이 들어오면 뇌는 잠을 깨고 일을 해야 할 때라고 판단합니다. 그래서 올빼미형들은 저녁부터 불을 은은하게 하고, 가능한 자극적인 TV 시청을 피해야 합니다. 빛이 밝은 스마트폰을 보는 것도 피해야겠지요.

치료를 위해 광치료기라는 것을 이용하기도 합니다. 아

침에 일어나 비몽사몽한 상태일 때 강한 빛을 안구에 삼십 분가량 쬐어 주는 것이지요. 언제 자고 일어나야 하는지 헷갈려 하는 뇌에게 확실한 정보를 주는 것입니다.

또한, '버퍼존'이라는 것을 활용해야 합니다. 불면증으로 고생하는 사람 대부분이 잠들기 직전까지 TV나 스마트폰을 봅니다. 그리고 나서 TV를 끄면 스르륵 졸리거나 바로 잠이 오기를 바랍니다. 하지만 올빼미형에게는 불가능한 일입니다. 이들은 밤이 될수록 쌩쌩해지는데, 여기에 빛의 자극까지 덧붙여지면 잠이 더 달아나게 됩니다.

그래서 쌩쌩할 때와 잠든 상태의 중간 단계인 '버퍼존'을 만들어 주어야 합니다. 버퍼존은 뇌의 활성도를 낮추고 우리를 졸리게 만드는 것들을 하는 시간을 의미합니다. 따뜻한 물에 족욕하기, 재미없는 책 보기, 지루한 음악 듣기, 복식 호흡하기, 근육 이완 훈련하기 등을 통해 일상 모드에서 수면 모드로 바꾸어 주는 것입니다. 버퍼존은 1시간에서 2시간 정도 가집니다. 형광등 스위치처럼 단번에 수면 모드로 바뀌길 기대하면 안 됩니다.

여기서 한 가지 중요한 점이 있습니다. 버퍼존은 절대 침대에서 하면 안 됩니다. 나중에 다시 설명하겠지만 침대는 잠자는 곳으로만 써야 합니다. 즉, 다른 곳에서 버퍼존을 하다가 졸릴 때 침대로 가는 것입니다.

자극을 통제하라

불면증을 극복하는 데 가장 중요한 요소 중 하나인 '자극통제(stimulus control)'에 대해 알아보겠습니다. 한 번쯤은 '파블로프의 조건형성'이란 말을 들어 보았을 것입니다. '개에게 먹이를 주기 전에 항시 종소리를 들려주었더니, 나중에는 먹이를 주지 않고 종소리만 들려주어도 침이 나오더라'라는 이야기가 파블로프의 개가 가진 조건형성입니다. 사람도 예외는 아닙니다. 특히 수면은 더욱 그렇습니다.

우리가 원하는 조건형성은 '졸림', '침대', '잠' 이 세 가지가 합쳐질 때 가능합니다. 졸릴 때 잠들었던 기본적인 패턴에 침대라는 조건이 하나 더 들어오면, 종소리만 들려도 침이 나왔던 개처럼 침대에만 누워도 졸릴 수 있게 되는 것입니다.

그러나 우리는 침대에서 수많은 일을 합니다. 특히 불면증이 있는 분들은 더욱 그러합니다. 잠에 못 든 채로 몇 시간 동안 뒤척이고, 온갖 고민과 걱정을 합니다. 스마트폰을 몇 시간씩 보거나 침대에서 밥을 먹기도 합니다. 오히려 자는 시간보다는 딴 일을 하는 시간이 더 많아진 것입니다. 그런 이유로 '침대에 누우면 걱정을 해야

당신의 감정에는 당신만의 사연이 있다

돼', '침대에 누우면 스마트폰을 해야 해' 등등 엉뚱한 조건형성이 이루어지게 됩니다.

이렇게 잘못 형성된 조건들이 있을 경우 침대에 누우면 더 잠이 오지 않는 현상이 나타나게 됩니다. 그러면 잠들지 못한 채로 계속 뒤척이게 되고, '침대에서는 잠자는 것이 아니다'라는 조건형성은 더욱 강화되는 악순환이 일어나겠지요.

불면증으로 고생하는 사람들이 대학병원을 방문하면 수면다원검사라는 것을 합니다. 잠들지 못하는 이유를 찾기 위해 병원에 마련된 침대에서 잠을 자며 이런저런 검사를 하는 것입니다.

헌데 이상한 점은 집에서는 그토록 자지 못하던 사람이 병원 침대에서는 잘 자는 경우가 많다는 점입니다. 집에서는 잘 못자다가도 영화관에서는 숙면을 취하는 분들도 있을 겁니다. 병원의 침대나 영화관은 아무런 조건 형성이 되어 있지 않은 상태이기에 잠에 빠져들 수 있는 것입니다.

이 얼마나 억울한 일입니까? 우리 몸은 잠들지 못한 채 침대에 있을수록 그 침대를 점점 더 자면 안 되는 곳으로 기억합니다. 그러므로 불면증을 극복하기 위해서는 꼭 자극통제를 해야 합니다. 여기서 자극통제란 침대에서는 자는 것 이외에 다른 일을 하면 안 된다는 뜻입니다.

불면증으로 고생하는 사람들은 벌써 엉뚱한 조건들이 형성되어 있을 것입니다. 이것을 리셋하고 다시 '침대는 곧 잠자는 곳'이라는 조건을 만들어야 합니다.

침대에 누워서 편안하게 몸을 이완시킵니다. 그리고 잠을 청해 봅니다. 그러다가 30분이 지나도 잠에 들지 못했다면 무조건 침대에서 빠져 나옵니다. 조명을 은은하게 하고 재미없는 책을 읽거나, 지루한 음악을 듣거나, 또는 점진적 근육 이완법을 시행합니다. 졸리는 느낌이 들면 다시 침대로 갑니다. 또 잠을 못 이루면 다시 나옵니다. 그리고 30분 이내에 잠들 때까지 이 행동을 반복합니다.

"그러다가 한숨도 못자면 어떡해요?"

보통 이렇게 걱정하듯이 묻습니다. 괜찮습니다. 하루, 이틀 정도는 꼬박 날을 새워도 괜찮습니다. 우리 목표는 하루만 잘 자는 것이 아니라 만성적인 불면을 극복하는 것입니다. 전투에선 져도 전쟁에서는 이기려면 하루 이틀 고생해도 괜찮다는 자세로 임해야 합니다.

'못자도 괜찮다'라고 생각하면 대부분 조금이라도 자게 됩니다. 그렇게 점점 올바른 조건형성을 만들어 나가는 것입니다. 정 못잘까 겁이 난다면 수면제의 도움을 받아도 괜찮습니다.

　이런 식으로 '침대에선 30분 이내에 잔다'라는 습관이 들게 해야 합니다. 수면제를 먹을 때도 마찬가지입니다. 수면제를 먹고 난 뒤 잠이 들 때까지 한참을 침대에 가만히 누워 있는 사람들이 있습니다. 수면제는 분명 잠을 오게 하지만, 수면제를 끊었을 때를 대비해야 합니다. 수면제 덕으로 잠을 잘 수 있을 때 새로운 조건형성을 해야 하는 것입니다.

　'침대에서 절대 30분 이상 뒤척이지 않고, 졸릴 때만 침대에 가서 잔다'. 이를 지키면 나중에 수면제를 먹지 않을 때도 그렇게 형성된 조건으로 잠에 들게 될 것입니다.

걱정 시간 따로 만들기

　이번에는 앞에서 소개한 자극통제와 연관되는 주제입니다. 앞에서 이야기 했듯 '침대는 곧 잠자는 곳'이 되어야 합니다. 즉, 침대 위에서는 잠만 자야 하는 것이지요.

　그런데 이는 마음처럼 잘 되지 않습니다. 바로 걱정 때문입니다. 침대 위에서 책이나 스마트폰을 보는 것은 스스로 마음만 먹으면 하지 않을 수 있습니다. 반면, 오늘 있었던 일이나 내일에 대한 걱정과 불안은 아무리 하지 않으려 해도 머릿속에서 저절로 떠오릅니다.

과거에 걱정과 관련하여 이런 실험을 한 적이 있습니다. 어떤 걱정이 있을 때 가능한 한 떠올리지 않고 덮어두도록 지시한 그룹과, 시간을 주고 집중적으로 걱정을 하도록 허락한 그룹을 나눠 결과를 조사한 것입니다. 두 그룹을 비교해 보니 걱정을 충분히 한 그룹에서 오히려 마음의 평안을 더 느꼈습니다.

걱정과 불안 그 자체가 나쁜 것은 아닙니다. 그것이 끝없이 반복되고 질질 늘어질 때 문제가 되는 것입니다. 해야만 하는 걱정은 어느 정도 해야 마음도 편안해집니다. 그래서 '걱정 시간'을 정해야 합니다. 약 30분에서 1시간 정도에 걸쳐 걱정만 하는 시간을 만드는 것입니다. 물론 잠자기 전이나 침대에서 하면 안 되겠지요.

가능하면 낮에, 시간이 정 안된다면 초저녁에 하는 것이 좋습니다. 본인이 편안하다고 생각하는 장소에 앉아 오늘이나 내일에 대한 걱정을 떠올립니다. 머릿속으로만 하는 것보다는 글로 적어 보는 것이 좋습니다. 고민을 털어놓으면 마음이 조금은 풀리는 것처럼, 글로라도 적어서 정리해 보고 배출하는 것이 필요합니다.

이때 떠오르는 고민을 쭉 나열해 봅니다. 그리고 이들

당신의 감정에는 당신만의 사연이 있다

을 해결책이 있는 걱정과 지금은 기다리는 것밖에는 방법이 없는 걱정 두 그룹으로 구분합니다. 해결책이 있는 걱정은 그 옆에 해결책과 함께 앞으로 어떻게 할지 계획을 간단히 적습니다. 그리고 해결책이 없는 걱정은 '지금 생각해 봐야 아무런 도움이 되지 않으니 일단 기다려 보자'라고 적습니다. 이런 식으로 걱정의 시간을 갖고 걱정에 대해 집중적으로 필기합니다.

그리고 정해 놓은 걱정의 시간이 끝나면 해결책만 떠올려 봅니다. 더 이상 걱정은 하지 않습니다. 걱정이 또 생각나려 한다면 '내일 걱정 시간에 또 하자'라고 속으로 이야기합니다. 걱정 시간을 전후로 해서 전에 알려드린 점진적 근육이완법을 시행하시면 큰 도움이 될 것입니다.

걱정 시간은 매우 큰 효과가 있습니다. 더 이상 침대에서 비효율적으로 걱정하고 있지 마세요. 걱정 시간은 불면증뿐만 아닌 만성적인 불안증에서도 큰 도움이 됩니다. 불안이나 걱정을 무조건 미워할 필요는 없습니다. 관건은 얼마나 잘 관리하느냐 하는 것입니다.

수면 시간 제한하기

이번에는 불면증 치료에서 자극 통제와 더불어 가장 중요한 '수면 시간 제한하기'를 알아보겠습니다. '수면 효율'이란 것이 있습니다. 이 수면 효율을 높이는 것이 수면의 질을 높이는 것이며, 궁극적으로 불면증을 극복하는 것과 연관됩니다. 그만큼 수면 효율은 중요한 개념입니다.

수면 효율 = (실제 수면 시간 ÷ 침대에 있었던 시간) × 100

예를 들어, 철수가 침대에 10시간 동안 누워 있었다고 생각해 봅시다. 여기서 뒤척이는 시간이 4시간이라 실제 잔 시간은 6시간이었다고 한다면, 수면 효율은 60이 되는 것이지요. 반면 영희도 6시간을 잤지만 침대에 눕자마자 잠이 들어서 침대에 있던 시간 또한 6시간이라고 한다면 수면 효율은 100이 되는 것입니다.

오늘부터 각자 계산해 보세요. 침대에 드는 시간과 나오는 시간, 실제 잠을 잔 시간을 체크해 보세요. 수면 효율이 85가 넘는다면 수면 효율이 좋은 상태입니다. 불면증도 없는 상태이고요. 단 침대에서 머문 시간이 다섯 시간 삼십 분은 넘어야 합니다. 그것조차 되지 않는다면 수면 효율이 아무리 좋다 하더라도 불면증인 상태입니다.

또한, 수면 효율이 70이 안 된다면 불면증이거나 현재 불면증이 아니더라도 쉽게 불면 상태에 빠질 수 있습니다. 수면 효율이 70이하라면 수면 시간 제한법을 사용해야 합니다.

수면 효율을 고려했을 때 잠자리에 들어야 하는 시간은 다음과 같이 계산하면 됩니다. 우선 본인이 실제로 잠잔 시간에 30분을 더합니다. 이것을 침대에 머물 시간으로 정하는 것입니다.

예를 들어, 실제 6시간을 잤다면 30분을 더해 여섯 시간 삼십 분이 되겠지요. 하지만 주의할 점은 5시간 이내로 자는 사람들은 절대 수면 시간 자체가 적으므로, 그때는 다섯 시간 삼십 분으로 통일합니다.

그리고 일어나야 하는 시간을 정합니다. 하루 일과를 고려해서 아침 몇 시에 일어나야 하는지 정하는 것이지요. 이렇게 기상시간에서 침대에 머물 수 있는 총 시간을 빼면, 잠자리에 들 시간을 구할 수 있습니다.

예를 들어, 7시에 일어나야 하고 여섯 시간 사 분이 침대에 머물 수 있는 시간이라면, 12시 30분에 잠자리에 드

는 것입니다. 아무리 졸려도 그 전에는 잠자리에 들지 않
아야 하고, 설령 잠을 잘 못 잤다고 하더라도 7시에는 반
드시 침대에서 나와야 합니다. 며칠 동안은 고생할 수 있
지만 반복하다 보면 잠은 반드시 오게 되고, 수면 효율도
증가할 것입니다.

이렇게 해서 수면 효율이 85 이상으로 증가하면 침대에
머무르는 시간을 1시간 늘립니다. 이를 다시 반복해서 수
면 효율이 85 이상이 되면, 본인이 자고자 원하는 시간만
큼 1시간씩 늘릴 수 있습니다. 실제 수면 시간을 일곱 시
간에서 여덟 시간 정도로 계획하고 해 나가면 되겠지요.

더는 수면 양에 집착할 필요가 없습니다. 수면의 질이
더 중요합니다. 수면 효율을 높이는 것이 바로 수면의 질
을 높이는 길입니다.

당신의 감정에는 당신만의 사연이 있다

· 에
필
로
그

나 자신의
치료자가
되어 주세요

과거부터 현재까지 내 마음을 살펴보았습니다. 그 과정을
통해 내 감정과 마음을 조금이나마 이해할 수 있었습니다.

내 안에 여러 가지 과거의 흔적과 상처가 아직도 영향을 주
고 있음을 알았습니다. 어릴 적 마음의 상처는 아직도 나를 괴
롭힙니다. 그때의 감정과 생각이 떠올라 나를 힘들게 합니다.
다시는 하지 말아야지 했던 행동을 또다시 반복하고 있습니
다. 또한 현재의 내 생각과 행동, 신체 상태가 나의 감정을 조
종하고 있다는 것도 알았습니다. 부정적인 생각은 감정을 부
정적으로 만들고 행동을 부정적으로 바꿉니다. 그것은 다시
악순환의 고리를 형성하여 나를 빠져 나오기 힘든 수렁으로

빠뜨립니다.

***

이런 반복과 악순환에서 벗어날 수는 있도록 하기 위해 여러 가지 방법을 찾아보았습니다. 이 책뿐만이 아니라 이미 수많은 책들이 그 방법을 제시하고 알려 주겠다고 합니다. 그렇지만 이러한 근원적인 의심이 드는 것은 어쩔 수가 없습니다.

'진정 나에게 덧씌워진 괴로움의 그림자에서 빠져나올 수 있긴 할까? 벌써 굳어져 버린 감정 패턴을 바꿀 수 있을까? 그저 정신과 의사들과 심리학자들이 희망을 크게 부풀려 놓은 것은 아닌가?'

예전에는 한번 정해진 성격이나 감정 패턴은 바뀌기가 어렵고, 6세까지 양육에서 문제가 있었다면 커서는 바뀔 수 없는 마음의 문제들이 생긴다고 믿기도 했습니다.

위스콘신 대학의 해리 할로(Harry Harlow)와 스티븐 수오미(Stephen Suomi)의 유명한 실험이 있습니다. 어린 새끼 원숭이를 어미와 떼어 놓으면 새끼 원숭이는 매우 불안해하며 공격적이 됩니다. 커서도 다른 원숭이와 관계를 맺지 못하고 교감을 나누지 못합니다. 무리끼리 어울리고 교감하며 마음을 안정시키는 법을 배운 적이 없기 때문입니다.

당신의 감정에는 당신만의 사연이 있다

하지만 그 원숭이를 포기하긴 이릅니다. 시간을 돌릴 수 있다면 과거로 돌아가 어머니 품에서 충분한 애착을 가지게 하고 어머니의 사랑을 받게 하는 것이 가장 좋은 치료이겠지만, 그것 말고도 한 가지 방법이 있습니다. 바로 '치료자 원숭이'를 옆에 넣어 두는 것입니다. 치료자 원숭이란 어미와의 애착을 잘 이루었고 동료 무리와도 건강한 관계를 유지하고 있는 정서적으로 안정된 원숭이를 말합니다.

치료자 원숭이를 문제가 있는 원숭이 옆에 놓아두면 신기한 일이 일어납니다. 문제가 있는 원숭이가 서서히 변화하기 시작합니다. 치료자 원숭이와 정서적인 교감도 나누면서 자연스럽게 정서가 안정됩니다. 이것이 치료자 원숭이의 힘입니다.

이 실험은 큰 의미를 줍니다. 지나간 많은 상처들과 과거의 흔적들로 고통받고 있는 사람의 마음도 치유될 수 있다는 희망을 보여 준 것입니다. 이 실험을 계기로 마음의 문제들도 나중에 다시 채워지고 치유될 수 있음을 믿게 해 준 것이지요.

* * *

우리에게도 치료자 원숭이 같은 존재가 필요합니다. 건강하고 긍정적인 자세로 나를 보듬어 주고 옆에 있어 주는 그런 존재가 필요합니다. 가족이, 애인이, 친구가, 혹은 정신과 의사가 그 역할을 해 줄 수도 있습니다. 하지만 그 전에 더 중요한 인물이 있습니다. 바로 나 자신입니다.

나 자신이 먼저 치료자 원숭이가 되어 나 자신을 보듬어 주고 내 자신의 기분을 알아주어야 합니다. 내 마음 안에 있는 과거의 흔적을 이해하고 내 감정을 읽어 주고 표현하는 것입니다. 그리고 나 자신을 칭찬하고 따뜻하게 대하는 것입니다. 더 나아가 자신에게 씌워진 인생의 덫을 이해하고, 자신을 인정해 주고, 당당하게 나서서 변호해 주세요. 그리고 자신과 주변 환경을 관찰하여 나에게 객관적인 정보를 알려 주세요. 마지막으로 악순환에 빠져 있는 나를 구하기 위해 긍정적으로 생각하는 법을 배우고 작고 쉬운 일부터 도전해서 성취감을 느끼세요. 이 책이 그 과정에 도움이 되기를 진심으로 바랍니다.

과거는 이미 흘러갔지만 그로부터 남은 상처는 치유할 수 있습니다. 현재의 나를 이해하고 보듬어 주면 내 마음의 상처는 치유되고 내 감정은 내 편이 되어 줄 것입니다. 이제 마음의 덫에서 벗어나 변화된 미래로 당당하게 나아가세요.

당신의 감정에는 당신만의 사연이 있다

미처 몰랐던 나를 알아가는 감정 로드맵

당신의 감정에는 당신만의 사연이 있다

© 박용철 2024

인쇄일 2024년 6월 20일
발행일 2024년 6월 27일

지은이 박용철
펴낸이 유경민 노종한
책임편집 김세민
유노책주 김세민 이지윤 **유노북스** 이현정 조혜진 권혜지 정현석 **유노라이프** 권순범 구혜진
기획마케팅 1팀 우현권 이상운 **2팀** 이선영 김승혜 최예은
디자인 남다희 홍진기 허정수
기획관리 차은영
펴낸곳 유노콘텐츠그룹 주식회사
법인등록번호 110111-8138128
주소 서울시 마포구 월드컵로20길 5, 4층
전화 02-323-7763 **팩스** 02-323-7764 **이메일** info@uknowbooks.com

ISBN 979-11-7183-033-6(03180)